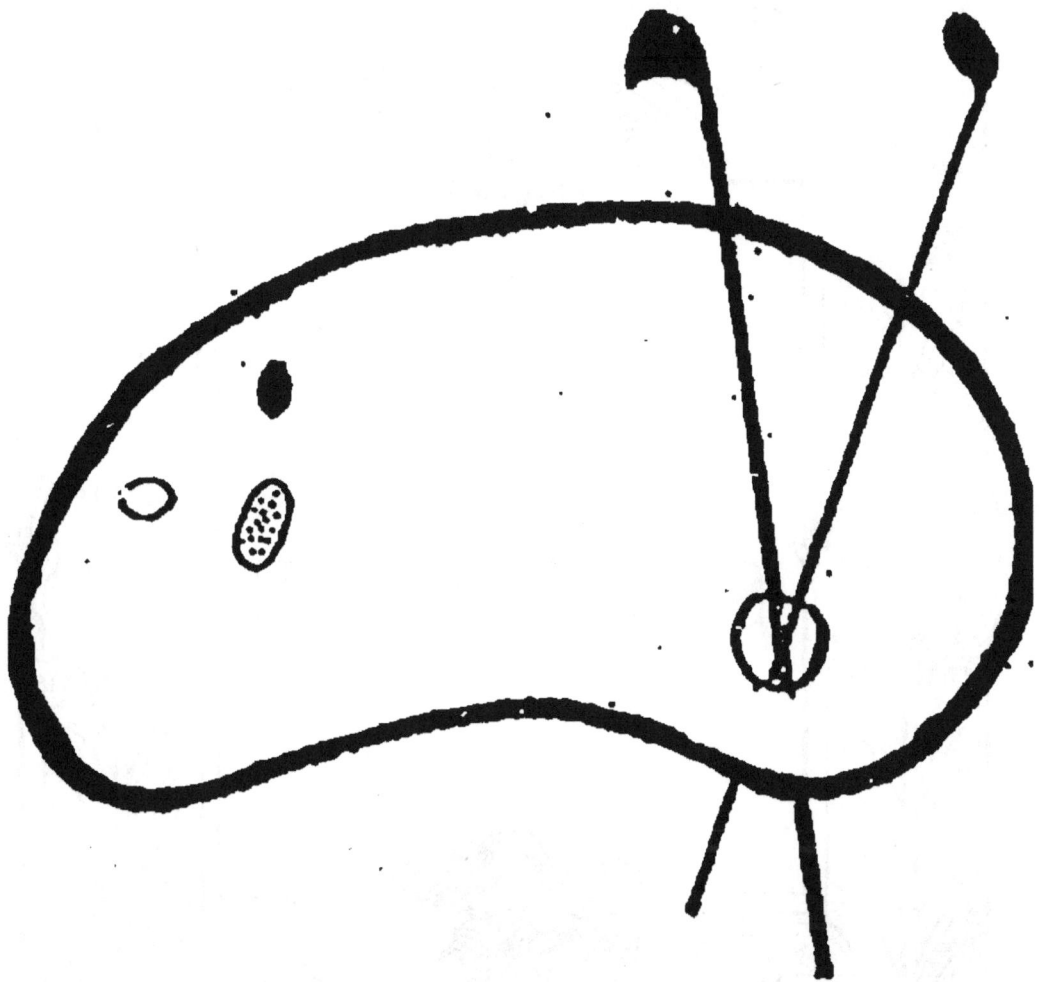

DEBUT D'UNE SERIE DE DOCUMENTS
EN COULEUR

...ELLE COLLECTION DE CLASSIQUES

LA BIBLE

HOMÈRE

VIRGILE

BOSSUET

CICÉRON

DE

SENECTUTE

SOCIÉTÉ GÉNÉRALE DE LIBRAIRIE CATHOLIQUE

76, RUE DES SAINTS-PÈRES, 76

SOCIÉTÉ GÉNÉRALE DE LIBRAIRIE CATHOLIQUE
76, RUE DES SAINTS-PÈRES, PARIS

NOUVELLE COLLECTION DE CLASSIQUES

CES CLASSIQUES SONT ACCOMPAGNÉS D'INTRODUCTIONS
ET DE COMMENTAIRES
LITTÉRAIRES, HISTORIQUES, ARCHÉOLOGIQUES ET MORAUX

ILS SONT ILLUSTRÉS D'APRÈS LES STATUES
LES BAS-RELIEFS ET LES MÉDAILLES ANTIQUES

CLASSIQUES GRECS

HOMÈRE : ILIADE (ch. VI) . . . M. l'abbé TOUGARD, professeur au petit séminaire de Rouen.

SOPHOCLE : ANTIGONE. . . . . . M. l'abbé BIERRE, ancien professeur au petit séminaire de Saint-Lucien à Beauvais.

SOPHOCLE : ŒDIPE-ROI. . . . . M. l'abbé AMELINEAU, professeur à l'externat de la rue de Madrid, à Paris.

SOPHOCLE : PHILOCTÈTE . . . . M. l'abbé BIERRE.

EURIPIDE : ALCESTE. . . . . . . M. C. HUIT, docteur ès lettres, professeur honoraire à l'Institut catholique de Paris.

EURIPIDE : IPHIGÉNIE A AULIS. M. l'abbé DIRRINGER, professeur à l'externat de la rue de Madrid, à Paris.

THÉOCRITE : IDYLLES I ET XXI. M. l'abbé TOUGARD.

PLUTARQUE : VIE DE CICÉRON. M. l'abbé QUENTIER, supérieur du petit séminaire de Saint-Lucien à Beauvais.

PLATON : CRITON . . . . M. C. HUIT.

CLASSIQUES LATINS

CORNELIUS NEPOS . . . . . . M. E. LANGLOIS.

CICÉRON : PRO ARCHIA . . . . . M. P. HENRY.

CICÉRON : DE SENECTUTE . . . . M. FÉLIX AUBERT.

HORACE : ART POÉTIQUE. . . . . Le P. LALLEMAND, professeur à l'école Massillon (Paris).

PHÈDRE : FABLES . . . . M. l'abbé FRETTÉ.

TACITE : AGRICOLA . . . . M. l'abbé BEURLIER, professeur au petit séminaire de Paris

EPITOME HISTORIÆ SACRÆ.

Paris. Imprimerie de Ch. Noblet, 13, rue Cujas. — 19044.

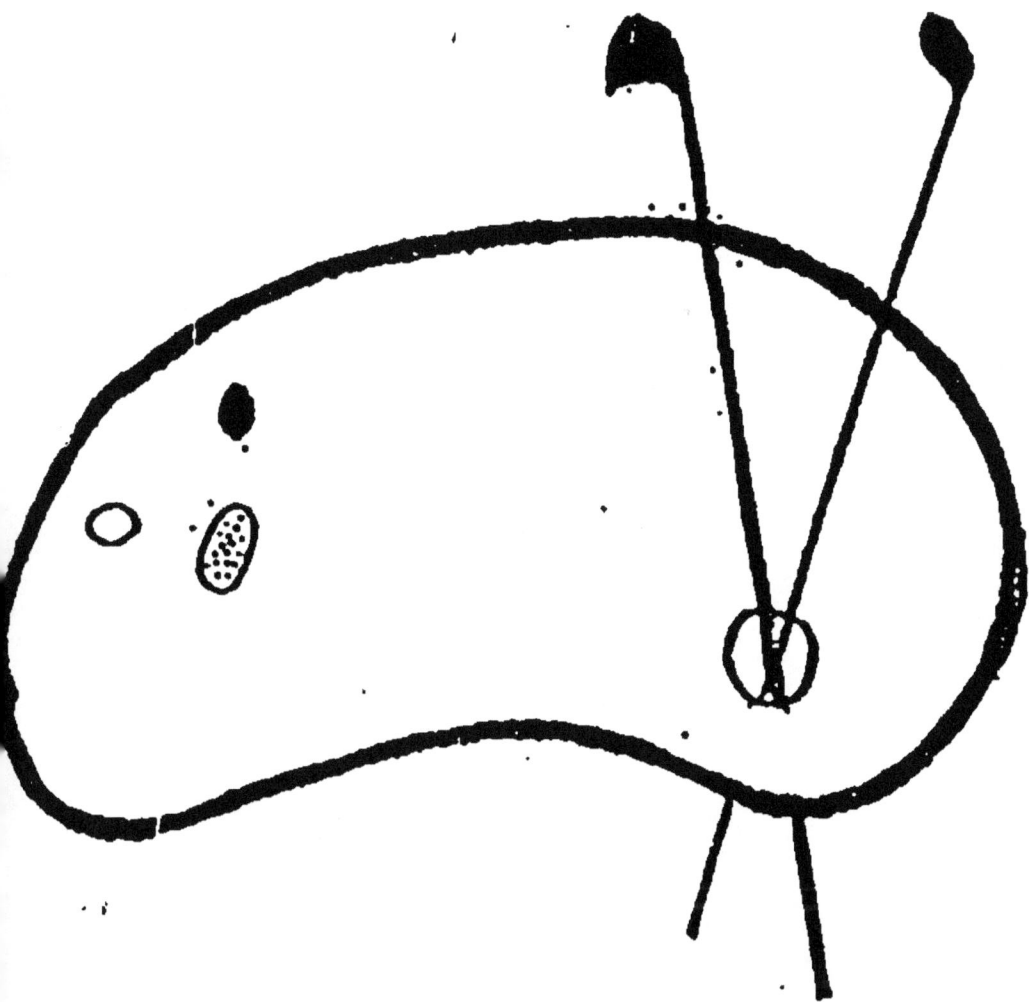

FIN D'UNE SERIE DE DOCUMENTS
EN COULEUR

L'illustration du présent ouvrage est de M. Sellier.

CICÉRON

DE

SENECTUTE

NOUVELLE ÉDITION

PUBLIÉE PAR

FÉLIX AUBERT

SOCIÉTÉ GÉNÉRALE DE LIBRAIRIE CATHOLIQUE
VICTOR PALMÉ, DIRECTEUR
76, RUE DES SAINTS-PÈRES, 76
BRUXELLES, J. ALBANEL, 26, RUE DES PAROISSIENS
GENÈVE, H. TREMBLEY, 4, RUE CORRATERIE
1883

AVANT-PROPOS

—

Ce charmant opuscule fut composé quarante-quatre ans avant Jésus-Christ, l'an de Rome 710. Nous en avons la preuve par des lettres de l'auteur à Atticus (*Epist. ad Atticum*, lib. **XIV**, ep. 21, et lib. **XVI**, ep. 11), et par un passage du *de Divinatione* (lib. II, cap. 1, 3). Cicéron avait soixante-trois ans. Platon, Aristote, Théophraste et peut-être Ariston, avaient déjà traité le même sujet. Cependant l'œuvre de Cicéron est une production presque originale, chose assez rare pour le grand orateur romain qui, en philosophie, imite plus qu'il n'invente. L'apologie de la vieillesse n'est pas aisée, surtout pour un païen incapable de mettre, selon l'admirable expression de madame Swetchine, Dieu entre la douleur et soi. Cicéron s'en est très bien acquitté : il plaide sa cause avec un enthousiasme sincère, peut-être même un peu excessif. Il est vrai que, dans

1

ses louanges, il semble considérer la vieillesse de quelques héros privilégiés.

Le texte est celui de l'édition donnée à Leipzig par M. Reinhold Klotz (1879). Nous avons aussi consulté avec fruit l'édition du savant recteur de l'académie de Lyon, M. T. Charles (Hachette, 1880). Quant aux notes, nous avons suivi les conseils de notre éminent professeur, M. Léon Gautier. Nous avons comparé les maximes de Sénèque, d'Horace, de Montaigne, de Joubert et surtout de madame Swetchine avec celles de Cicéron. La Bible nous a aussi été d'un grand secours. Peut-être sera-t-on étonné de ne rencontrer aucune citation de Vauvenargues. Ce moraliste n'a pas compris la vieillesse, il ne l'a envisagée qu'au point de vue humain ; pour lui, cet âge n'est bon à rien, il n'examine que le corps, sans daigner faire attention à l'âme.

Pour les usages et les coutumes des Romains, c'est au *Dictionnaire des antiquités grecques et romaines* de Rich (trad. Chéruel) que nous avons demandé des explications. La *Cité antique* de M. Fustel de Coulanges, membre de l'Institut, nous a fourni les notions les plus exactes sur le droit et les institutions de Rome.

Avec de pareilles recommandations, nous espérons obtenir la bienveillance des lecteurs de Cicéron.

VIE

DE

MARCUS TULLIUS CICERO

L'année 648 de Rome (106 av. J. C.) est célèbre dans l'histoire romaine. Au sud, la guerre de Numidie venait de finir, et Sylla recevait de Bocchus Jugurtha chargé de fers ; au nord, Q. Servilius Cæpio, après avoir pillé le temple de Toulouse, se heurtait contre l'innombrable armée des Cimbres, dans les plaines d'Orange, et laissait le champ de bataille couvert des cadavres de 80,000 Romains. La République se crut perdue. La lenteur des barbares et le génie de Marius la sauvèrent. Enfin, et ce n'est pas le fait le moins important, deux grands hommes venaient au monde : Pompée et Cicéron.

Porte d'Arpinum, où naquit Cicéron (Smith-Theil, *Dict. de biographie*).

Marcus Tullius Cicero naquit à Arpinum, le 3 janvier de l'an 648 de Rome, sous le consulat de C Ati-

lius Serranus et de Q. Servilius Cæpio. Sa mère, Helvia, était d'une famille distinguée. Les Tullius, riches, considérés, appartenaient à l'ordre équestre. Aucun d'entre eux n'était encore parvenu aux grandes magistratures. L'éducation du futur orateur et celle de son jeune frère, Quintus, fut dirigée par leur père et leur aïeul. Pendant les troubles suscités par la rivalité de Marius et de Sylla, Marcus étudia la poésie, le grec, la rhétorique, la philosophie et la jurisprudence. En 89, nous le trouvons guerroyant contre les Marses et prenant part à la bataille de Nola ; la guerre finie, il revint à Rome continuer ses études. L'académicien Philon lui enseigna la philosophie ; le célèbre jurisconsulte Mucius Scævola, la jurisprudence ; Marc-Antoine et Crassus lui apprirent les secrets de l'art oratoire. Peut-être suivit-il les cours de Photius Gallus, qui enseigna le premier, dans Rome, la rhétorique latine (87). Ses poésies avaient du succès ; Scævola allait jusqu'à promettre l'immortalité à une épopée composée en l'honneur de Marius.

Après une préparation aussi sérieuse, âgé de vingt-sept ans, Cicéron pouvait aborder le Forum. Du premier coup, il révéla un orateur consommé en gagnant une cause (celle de Publius Quintus) sur le fameux Hortensius, qui fut depuis son ami (81). L'année suivante, Cicéron se surpassa dans son plaidoyer pour Roscius

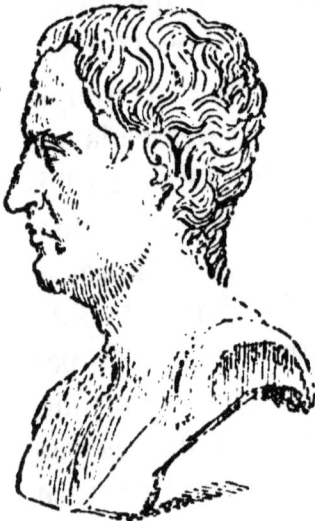

Hortensius (Visconti, *Iconographie romaine*).

d'Amérie. Dès lors il devint le prince de l'éloquence latine et le plus grand des orateurs judiciaires. Cette même année (80) il épousa Térentia.

Athènes, déchue au point de vue politique, était encore la cité reine des arts et des belles-lettres. A l'exemple des Romains illustres ou érudits, Cicéron se rendit dans cette ville pour s) perfectionner et peut-être pour éviter le ressentiment de Sylla, qu'il avait offensé en défendant Roscius contre Chrysogonus. Il y retrouva son intime ami, le riche Atticus, et le savant Varron, fréquenta les philosophes Zénon, disciple d'Epicure, et Antiochus d'Ascalon, successeur de Philon comme chef de la nouvelle Académie. D'Athènes allant à Rhodes, il suivit les leçons du rhéteur Apollonius Nolon et du stoïcien Posidonius.

Sylla mourut en 78; Cicéron pouvait sans crainte rentrer à Rome, où nous le voyons étudier la déclamation avec les comédiens Esopus et Roscius (77).

Peu après commence sa carrière politique. Questeur en Sicile (75), sa bienfaisante administration et la découverte du tombeau d'Archimède lui assurent l'amour des habitants, et quand, exaspérés des exactions de Verrès, les Siciliens cherchèrent un défenseur, c'est Cicéron qu'ils choisirent. On sait avec quel éclat il remplit sa mission (70) et l'éloquence dont il fit preuve dans les *Verrines*. Edile curule en 69, préteur en 66, il soutint la loi du tribun Manilius en faveur de Pompée. Ce fut son premier discours politique. Les suffrages des Romains le nommèrent consul à quarante-quatre ans, avec le fils de Marc-Antoine pour collègue. La position était difficile, Catilina agitait Rome par ses intrigues révolutionnaires; César dé-

Cicéron (Visconti, *Ico-nographie*).

voilait son ambition. Cicéron déploya une grande habileté et beaucoup d'énergie. Il fit rejeter les lois agraires du tribun Rullus, instrument de César, et dénonça courageusement les menées criminelles de Catilina. Son éloquence sauva la République, et c'est à bon droit que la reconnaissance publique lui décerna le titre de Père de la patrie. Il est regrettable qu'il n'ait pas montré dans la suite une pareille fermeté. Comme homme d'État, on peut lui reprocher un caractère flottant: il eut quelquefois de l'énergie et plus souvent de la faiblesse, des décisions courageuses et des hésitations puériles, de grandes vertus et des petitesses ridicules. Comme orateur politique, il n'a qu'un maître : Démosthène.

Démosthène (buste du Musée du Louvre).

Le triumvirat formé par César, Crassus et Pompée ne lui permettant pas de jouer un rôle dans la politique, il reprit ses études littéraires. Son crédit allait diminuant de jour en jour et sa vanité accroissait sans cesse le nombre de ses ennemis. Le plus acharné d'entre eux, le tribun Clodius, fit tant qu'il obtint contre lui un décret de bannissement. Le grand orateur se retira chez son ami Plancus (le fondateur de Lyon), à Thessalonique (58). Au bout de dix-sept mois, Pompée et le tribun Milon

le rappelèrent, et ce retour fut un vrai triomphe. Dès ce moment, dégoûté des affaires publiques, il se consacra tout entier aux belles-lettres et fit paraître successivement les deux traités *de Oratore* (55), *de Republica* (54). En 53, il entrait au collège des Augures. L'année suivante, il eut à défendre son ami Milon, dont les gens avaient tué Clodius. Les forces militaires déployées par Pompée et les cris des amis de Clodius l'intimidèrent; il se troubla et perdit sa cause. Milon s'exila. Rentré chez lui, Cicéron retrouva le génie qui lui avait fait défaut au moment opportun, et il écrivit la *Milonienne*, son chef-d'œuvre.

Proconsul en Cilicie (51), il se fit remarquer par la douceur de son gouvernement, pacifia la Cappadoce qu'il rendit au roi Ariobarzane, et battit les brigands du mont Amanus, ce qui lui valut le titre d'*imperator*. Revenu à Rome, il tomba au milieu des flammes de la discorde civile et embrassa le parti de Pompée, qu'il accompagna en Grèce. Après Pharsale (48), il rentra en Italie, où César l'accueillit avec bienveillance; grâce à d'admirables discours, il obtint du dictateur le rappel de Marcellus et la grâce de Ligarius (46). Mécontent de sa femme Térentia, ambitieuse et prodigue, il la répudia pour épouser la jeune Publilia; un an (45) après ce divorce, il eut le chagrin de perdre sa fille bien-aimée, Tullia, mariée successivement à C. Calpurnius Piso Frugi en 63, à Furius Crassipes en 56, et à Dolabella en 50. Un fils appelé Marcus lui restait. L'amour que lui témoignait son frère Quintus et ses travaux littéraires ne purent le consoler entièrement.

De cette époque datent l'*Orator*, le *de Finibus bonorum et malorum*, les *Tusculanes*, etc. La mort de César,

Restes de la villa de Cicéron à Tusculum
(*Topographie ancienne de l'Italie*).

qu'il apprit avec joie, le ramena aux affaires. Il engagea une lutte contre Antoine et entraîna le Sénat à le déclarer ennemi public. Non content de foudroyer Antoine par ses véhémentes *Philippiques*, il lui opposa le jeune Octave. Mais son attente fut trompée : après la victoire de Modène, Octave se rapprocha d'Antoine. Avec Lépide, ils formèrent un nouveau triumvirat, et l'ère des proscriptions se rouvrit. Cicéron était à Tusculum quand il apprit qu'Octave l'avait abandonné à la vengeance d'Antoine. Le grand orateur voulut fuir; atteint dans sa litière par le tribun Popilius sauvé jadis par lui d'une accusation de parricide, et par le tribun Hérennius, il fut mis à mort (8 déc. 710, 43 av. J. C.). Sa tête et ses mains, apportées à Antoine, furent, sur l'ordre du triumvir, attachées à la tribune aux harangues.

Cicéron, d'après une médaille de bronze de Magnésie
(Cabinet de France).

« L'éloquence latine s'est tue, frappée avec lui,

« triste et abîmée dans le deuil... Ce visage aux traits
« décomposés, ces cheveux blancs, souillés du sang
« de la victime, ces mains sacrées qui avaient servi à
« accomplir de si grandes choses, un citoyen trans-
« porté d'une joie féroce les a foulés sous ses pieds,
« et il n'a pas vu derrière lui les destins avec leurs
« retours et les dieux vengeurs. Tous les siècles pas-
« seront et Antoine n'aura pas expié son forfait. »
(Cornélius Sévérus.)

ARGUMENTUM.

Hic liber, qui a Cicerone scriptus et editus est anno Urbis 710, ante Chr. nat. 44, dialogum continet de senectute habitum a M. Porcio Catone Censorio cum C. Lælio et P. Cornelio Scipione, qui postea Africanus minor appellatus est, anno Urbis, ut fingitur, 604, T. Quinctio Flaminino, M'. Acilio Balbo coss. Misit autem hunc librum ad T. Pomponium Atticum, qui tum annum sexagesimum sextum agebat, quum ipse ageret annum sexagesimum tertium. Appellato primum Attico et explicata causa quam ob rem hoc argumentum tractare voluerit, jam sermonem ille olim a M. Catone institutum se relaturum esse promittit et illum ita loquentem de senectute facit, ut quattuor causas, quæ adferri soleant quam ob rem molesta et misera senectus sit, singillatim portractet, et illa argumenta separatim refellere studeat, primum quod senectus avocet a rebus gerendis (cap. 6-8, § 15-26), deinde quod corpus faciat infirmius (cap. 9-11, § 27-33), tum quod privet omnibus fere voluptatibus (cap. 12-18, § 39-65), denique quod haud procul absit a morte (cap. 19-23, § 66-86).

CICERONIS DE SENECTUTE

DIALOGUS

---

1. — Ce livre est dédié à T. Pomponius Atticus. Caton y parlera de la vieillesse.

1. 1. *O Tite* [1], *si quid ego adjuero* [2] *curamve levasso* [3],
Quæ nunc te coquit et versat in pectore fixa,
Ecquid erit præmi [4]?

Licet enim mihi versibus eisdem adfari te, Attice,

1. *O Tite.* Ces vers du poète Ennius s'adressent à T. Quinctius Flamininus. Titus étant aussi le *prænomen* de Pomponius Atticus, l'ami intime de Cicéron, les vers peuvent s'adresser à cet ami.

T. Pomponius Atticus (110-33 av. J. C.), chevalier romain, qui, jouissant d'une grande fortune et indifférent à la politique, vécut longtemps à Athènes. Il s'était composé une superbe bibliothèque. Ses esclaves firent de nombreuses copies de ses ouvrages. Atticus composa des Annales, histoire universelle embrassant sept siècles. Pour se soustraire aux douleurs d'une maladie, il se laissa mourir de faim. Ses goûts littéraires et son séjour à Athènes lui avaient valu le surnom d'Atticus. Sa sœur Pomponia épousa Q. Cicéron, et sa fille fut la première femme d'Agrippa.

2. *Adjuero* pour *adjuvero*.

3. *Levasso*, forme archaïque pour *levavero*.

4. *Præmi*, forme contractée de *præmii*. Pour comprendre ces vers, il faut se rappeler que, dans la guerre contre Philippe, Flamininus se trouva en face du camp ennemi sans pouvoir le forcer ni le tourner. Au bout de quarante jours, Charopus, chef épirote, envoya un berger au général romain. Le berger indiqua un sentier détourné; mais avant, il avait demandé quelle serait sa récompense.

quibus adfatur Flamininum [1]

Ille vir [2] haud magna cum re, sed plenus fidei.

Quamquam certo scio non, ut Flamininum,

Sollicitari te, Tite, sic noctesque diesque.

Novi enim moderationem animi tui et æquitatem [3] teque non cognomen solum Athenis deportasse, sed humanitatem et prudentiam intelligo. Et tamen te suspicor eisdem rebus [4] quibus me ipsum interdum gravius commoveri, quarum consolatio et major est et in aliud tempus differenda. Nunc autem visum est mihi de senectute aliquid ad te conscribere. 2. Hoc enim onere, quod mihi commune tecum est [5], aut jam urgentis aut certe adventantis, senectutis et te et me ipsum levari

1. *Flamininum.* Titus Quinctius Flamininus (230-175 av. J. C.), consul en 198 avec Sext. Ælius Pætus Caius; il chassa d'Epire le roi de Macédoine Philippe III. Proconsul l'année suivante, il vainquit ce monarque aux Cynoscéphales (197). La liberté de la Grèce fut proclamée par lui aux jeux isthmiques (196), et, après avoir affaibli la puissance de Nabis, tyran de Sparte (194), il revint à Rome jouir du triomphe. — La gravure ci-contre représente Flamininus d'après un buste du cabinet de France.

2. *Vir*, le berger.

3. *Æquitatem*, un caractère toujours égal; *moderationem*, l'empire sur soi-même.

4. *Eisdem rebus* : troubles politiques suscités par Antoine après la mort de César.

5. *Commune tecum est.* Les deux amis étaient avancés en âge : Atticus avait 66 ans, Cicéron 63.

volo : etsi te quidem id modice [1] ac sapienter sicut omnia et ferre et laturum esse certe scio. Sed
mihi, quum de senectute vellem aliquid scribere,
tu occurrebas dignus eo munere [2], quo uterque
nostrum communiter uteretur [3]. Mihi quidem ita
jucunda hujus libri confectio fuit, ut non modo
omnes absterserit senectutis molestias, sed effe-
cerit mollem etiam et jucundam senectutem.
Numquam igitur laudari satis digne philosophia
poterit [4], cui qui pareat omne tempus ætatis sine
molestia possit degere. 3. Sed de cæteris et diximus multa et sæpe dicemus : hunc librum ad te
de senectute misimus [5]. Omnem autem sermonem tribuimus non Tithono [6], ut Aristo Ceius [7]
— parum enim esset auctoritatis in fabula, —
sed M. Catoni seni, quo majorem auctoritatem
haberet oratio : apud quem Lælium et Scipionem
facimus admirantes, quod is tam facile senectutem ferat, iisque eum respondentem [8]. Qui si eru-

1. *Modice*, avec calme. Nous
dirions avec résignation, mais
cette vertu, bien supérieure au
calme affecté du stoïcien, est
d'origine chrétienne. « Qu'est-
« ce que se résigner? C'est met-
« tre Dieu entre la douleur et
« soi. » (Mme Swetchine.)

2. *Munere*, travail, œuvre.

3. *Uteretur*, sens d'utilité
morale.

4. *Nunquam igitur...* C'est
une idée chère à Cicéron.

5. *Misimus.* Ce verbe a ici
le sens de *dédier*.

6. *Tithono.* Tithon, fils de
Laomédon et frère de Priam,
époux de l'Aurore, qui le gratifia
de l'immortalité sans l'exemp-

ter de la vieillesse; aussi de-
manda-t-il la mort, et les dieux
se contentèrent de le changer
en cigale. (Voir Jouvency, *Ap-
pendix de Diis*, chap, v.)

7. *Aristo Ceius.* Ariston de
Céos (une des Cyclades), philosophe péripatéticien. Ariston de
Chio, de l'Ecole stoïcienne, est
plus ancien d'un demi-siècle.

8. Nos jeunes lecteurs nous
sauront gré de leur donner une
biographie sommaire des trois
interlocuteurs mis en scène par
Cicéron.

a) *Marcus Porcius Caton*
(Priscus ou Major), l'Ancien ou
le Censeur (232-147 av. J. C.).
Né à Tusculum, d'une famille

ditius videbitur disputare quam consuevit ipse
in suis libris, attribuito litteris Græcis, quarum

plébéienne, il fit ses premières armes contre Annibal, sous Fabius Cunctator. L. Valérius Flaccus l'amena à Rome. Il servit sous Claudius Néron, fut questeur en Sicile et s'y brouilla avec Scipion (195); préteur en Sardaigne, consul en 195 avec L. Valérius Flaccus, il soumit la Celtibérie et obtint le triomphe. En Etolie, il fit triompher aux Thermopyles le consul Acilius Glabrion (191). Il ne cessa de lutter contre la corruption qui envahissait Rome. Censeur en 184, il se distingua par sa sévérité. S'étant fait de nombreux ennemis, il eut à soutenir 44 accusations. Avare, dur envers ses esclaves, aimant le vin, débauché, orgueilleux, il a bien mal mérité sa réputation de sagesse. Les historiens le font connaître sous un jour beaucoup moins favorable que celui où Cicéron nous le présente.

b) *Caius Lælius Sapiens* (185-145), ami de Scipion Emilien qu'il accompagna au siège de Carthage, combattit Viriathe en Espagne, fut préteur en 145 et consul en 140, avec P. Servilius Cæpio.

c) *Publius Cornelius Scipio Æmilianus Africanus Minor.* 2ᵉ Africain (185-129), 4ᵉ fils de Paul-Emile; adopté par son oncle, fils du 1ᵉʳ Africain, il prit le nom de l'adoptant, tout en conservant le sien avec une désinence spéciale : Æmilianus. Son éducation fut faite par des Grecs; Polybe fut son ami. Il fit ses premières armes en 168, à la bataille de Pydna, servit en

Espagne, puis en Numidie, où il aida Masinissa à la grande bataille d'Oroscope (150). Masinissa le prit en affection et le nomma son exécuteur testamentaire. Ses hauts faits le firent nommer consul avant l'âge (147), avec Livius Drusus pour collègue. En 146, il s'empara de Carthage, après

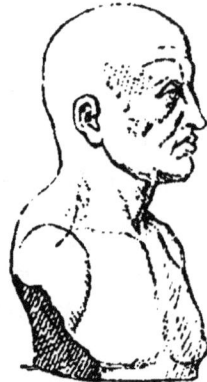

un siège célèbre. Censeur en (142), après un voyage pompeux en Orient (138), il vécut dans la retraite, étudiant les lettres et la philosophie avec Lælius et Panætius. En 134 il est nommé consul (avec C. Fabius Flaccus) pour renverser Numance, la seconde terreur de Rome. De retour à Rome (133), il attaqua la loi agraire de Caius Gracchus et protégea les Italiens. On le trouva mort dans son lit (129), sans qu'on pût savoir s'il avait été assassiné ou s'il s'était suicidé. — Buste de Scipion l'Africain d'après Visconti.

constat·eum perstudiosum fuisse in senectute.
Sed quid opus est plura[1]? Jam enim ipsius Ca-
tonis sermo explicabit nostram omnem de senectute sententiam.

II. — Étonnement de Scipion et de Lélius en voyant
Caton supporter si bien la vieillesse. Réponse de Caton.
La sagesse consiste à suivre la nature.

II. 4. Scipio. Sæpenumero admirari soleo
cum hoc C. Lælio quum cæterarum rerum tuam
excellentem, M. Cato, perfectamque sapientiam
tum vel maxime, quod numquam tibi senectutem gravem esse senserim, quæ plerisque senibus sic odiosa est, ut onus se Ætna gravius[2]
dicant sustinere.

Cato. Rem haud sane difficilem, Scipio et
Læli, admirari videmini. Quibus enim nihil est in
ipsis opis[3] ad bene beateque vivendum, iis omnis
ætas gravis est : qui autem omnia bona a se ipsi
petunt, iis nihil potest malum videri quod naturæ
necessitas adferat[4]. Quo in genere est in primis
senectus, quam ut adipiscantur omnes optant,
eamdem accusant adeptam[5] : tanta est stultitiæ

1. *Plura.* Sous-entendu *dicere.*
2. *Ætna gravius.* « La vieil-
« lesse, fardeau plus pesant que
« les rochers de l'Etna. » (Euripide, *Hercule furieux,* v. 637)
3. Le nominatif *ops* est inusité.
4. *Necessitas adferat.* C'est
une des règles de la sagesse
antique, que tout ce qui est
naturel ne peut être considéré
comme un mal. A cette maxime
commode, au « *sequere naturam* », l'Évangile oppose celle
qui a fait tant de héros : *Vince
te ipsum.*
5. *Adipiscor* n'est pas le
seul verbe déponent dont le
participe ait le double sens ac-
tif et·passif.

inconstantia atque perversitas! Obrepere aiunt
eam citius quam putassent. Primum quis coegit
eos falsum putare? Qui enim citius adolescentiæ
senectus quam pueritiæ adolescentia obrepit?
Deinde qui minus gravis esset iis senectus, si
octingentesimum annum agerent quam octogesimum? Præterita enim ætas quamvis longa,
quum effluxisset, nulla consolatione permulcere
posset stultam senectutem [1]. 5. Quocirca si sapientiam meam admirari soletis — quæ utinam
digna esset opinione vestra nostroque cognomine [2]! — in hoc sumus sapientes, quod naturam
optimam ducem tamquam deum sequimur eique
paremus [3]: a qua non veri simile est, quum cæ-
teræ partes ætatis bene descriptæ sint, extremum
actum tamquam ab inerti [4] poeta esse neglectum.
Sed tamen necesse fuit esse aliquid extremum et
tamquam in arborum baccis terræque fructibus
maturitate tempestiva quasi vietum et caducum,

---

1. *Stultam senectutem.* Trois
choses déplaisent au Seigneur :
« *pauperem superbum, divi-*
« *tem mendacem, senem fa-*
« *tuum et insensatum.* » (Ecclésiastique, XXV, 3.) C'est ce
vieillard fat et insensé qu'Isaïe
appelle « *puer centum anno-*
« *rum.* » (Isaïe, LXV, 20.) « *Et*
« *sine honore erit novissima*
« *senectus illorum.* » (Sap., III,
17.) C'est de lui que Job a dit :
« *Sperabam quod ætas pro-*
« *lixior loqueretur et anno-*
« *rum multitudo doceret sa-*
« *pientiam. Non sunt longævi*
« *sapientes nec senes intelli-*
« *gunt judicium.* » (Job, XXXII,
7-9.) « Les années ne font pas

« des sages, elles ne font que
« des vieillards. » (Mᵐᵉ Swetchine.)

2. *Nostroque cognomine.*
Seuls entre les Romains Caton et Lélius reçurent le surnom de *sapiens.*

3. *Paremus.* C'est le précepte
stoïcien, « *sequere naturam* ».
Mais la nature est un maître
facile :

La nature, sans doute, est comme on
             [veut la prendre.
(A. de Musset, *la Coupe et les lèvres.*)

La morale stoïcienne la plus
élevée de l'antiquité ne s'éle-
vait pas plus haut.

4. *Inerti.* Sens étymologique :
sans art, sans talent.

quod ferendum est molliter [1] sapienti [2]. Quid est enim aliud Gigantum modo bellare cum dîs nisi naturæ repugnare [3]?

6. LÆLIUS. Atqui, Cato, gratissimum nobis, ut etiam pro Scipione pollicear, feceris, si, quoniam speramus, volumus quidem certe senes fieri, multo ante a te didicerimus quibus facillime rationibus ingravescentem ætatem [4] ferre possimus.

CATO. Faciam vero, Læli, præsertim si utrique vestrum, ut dicis, gratum futurum est.

LÆLIUS. Volumus sane, nisi molestum est, Cato, tamquam longam aliquam viam confeceris, quam nobis quoque ingrediendum sit, istuc, quo pervenisti, videre quale sit.

III. — Les inconvénients de la vieillesse sont dus au caractère plutôt qu'à l'âge. La culture de l'esprit, la pratique des vertus en sont les remèdes.

III. 7. CATO. Faciam ut potero, Læli. Sæpe enim interfui querelis æqualium meorum — pares

---

1. *Molliter*, avec douceur, patience.

2. *Sapienti.* La science sans Dieu est hautaine. Les philosophes anciens s'appellent entre eux « sages » avec emphase; pleins de dédain pour la masse, le vulgaire. Il fallait l'exemple de Jésus-Christ pour décider les hommes instruits à communiquer leur science aux plus humbles. Une des sept œuvres de miséricorde consiste à instruire les ignorants. « *Scientia inflat, charitas vero ædificat.* »(S. Paul, *Corinth. I*ᵃ, VIII, 1.)

3. *Quid est.* Il faut construire: « *Repugnare naturæ quid est aliud nisi bellare modo Gigantum.* » *Dis* pour *Diis.* *Gigantum* : les Titans qui voulurent escalader le ciel et furent foudroyés par Jupiter. Les stoïciens identifiaient Dieu et la nature. N'ayant pas la connaissance précise de Dieu, la philosophie ancienne a toujours eu des tendances panthéistes. « Tout était Dieu, excepté Dieu « lui-même. » (Bossuet.)

4. *Ingravescentem ætatem.* Nous avons encore cette image : le poids des ans.

autem vetere proverbio cum paribus facillime congregantur [1], — quæ C. Salinator, quæ Sp. Albinus [2], homines consulares, nostri fere æquales, deplorare solebant, tum quod voluptatibus carerent, sine quibus vitam nullam putarent, tum quod spernerentur [3] ab iis, a quibus essent coli soliti. Qui mihi non id videbantur accusare, quod esset accusandum. Nam si id culpa senectutis accideret, eadem mihi usu venirent reliquisque omnibus majoribus natu, quorum ego multorum cognovi senectutem sine querela, qui se et libidinum vinclis laxatos esse non moleste ferrent nec a suis despicerentur. Sed omnium istius modi querelarum in moribus est culpa, non in ætate [4]. Moderati enim et nec difficiles nec inhumani senes tolerabilem senectutem agunt, importunitas autem et inhumanitas omni ætati molesta est.

8. LÆLIUS. Est, ut dicis, Cato, sed fortasse dixerit quispiam tibi propter opes et copias et

---

1. *Congregantur.* « Ceux qui « se ressemblent s'assemblent.» Vauvenargues fait aussi remarquer que les vieillards aiment à se réunir ensemble.

2. C. Livius Salinator, consul en 188 av. J. C. avec Valérius Messala ; Sp. Postumius Albinus, consul en 186 avec Q. Marcius Philippus, contemporains de Caton.

3. *Spernerentur.* « Chose « étonnante, ce n'est pas de « l'horreur que cause la vieil-« lesse, c'est du mépris. Cela « tient-il à la vieillesse, ou bien « cela tient-il à la manière de « vieillir? Dans notre siècle, « dit M. de Chateaubriand, il y « a des vieux, mais il n'y a plus « de vieillards. Tout le secret du « peu de considération de la jeu-« nesse pour l'âge est peut-être « dans ce mot-là. » (Mᵐᵉ Swetchine, *Choix de méditations, De la Vieillesse.*)

4. *Non in ætate.* Cicéron reproduit plus loin cette idée (XVIII, 65) : « *Hæc morum vi-« tia sunt, non senectutis.* » De même, Platon disait : οὐ τὸ γῆρας, ἀλλ' ὁ τρόπος, « la faute en « est non à l'âge, mais au ca-« ractère. » (*Républ.*, 1, 329.)

dignitatem tuam tolerabiliorem senectutem videri, id autem non posse multis contingere.

Cato. Est istuc quidem, Læli, aliquid, sed nequaquam in isto omnia, ut Themistocles [1] fertur Seriphio [2] cuidam in jurgio respondisse, quum ille dixisset non cum sua, sed patriæ gloria splendorem adsecutum : « Nec hercule » inquit, « si ego Seriphius essem, nec tu, si Atheniensis esses, clarus umquam fuisses. » Quod eodem modo de senectute dici potest. Nec enim in summa inopia levis esse senectus potest, ne sapienti quidem, nec insipienti etiam in summa copia non gravis.

9. Aptissima omnino sunt, Scipio et Læli, arma senectutis artes [3] exercitationesque virtutum, quæ in omni ætate cultæ, quum diu multumque [4]

1. *Themistocles.* Thémistocle, célèbre homme d'État et

général athénien, mort vers 470 ou 463. En 480, ses conseils firent gaguer la bataille navale de Salamine, où 400 vaisseaux grecs défirent 1,200 vaisseaux des Perses. Exilé en 471, il se réfugia près d'Artaxerxès, et s'empoisonna, dit-on. pour ne pas servir contre sa patrie. Thucydide le fait mourir de mort naturelle. — Buste antique de Thémistocle.

2. *Seriphio.* A un homme de Sériphe petite île des Cyclades, aujourd'hui Serpho. Plutarque, *Thémist.* c. XVIII.

3. *Artes.* Les arts libéraux, la culture de l'esprit.

4. *Multumque rixeris.* Vie longue et bien remplie. On peut vivre beaucoup en peu d'années. « *Consummatus in brevi explevit tempora multa,* » dit avec raison du juste la liturgie catholique.

« *Non brevem accepimus vitam, sed facimus,* » et « *Non*

vixeris, mirificos efferunt fructus, non solum
quia nunquam deserunt, ne in extremo quidem
tempore ætatis — quamquam id quidem maximum est, — verum etiam quia conscientia bene
actæ vitæ multorumque bene factorum recorda-
tio jucundissima est [1].

IV. — Exemple de Quintus Maximus qui, dans un âge
avancé, a rendu de grands services à la guerre et au
Forum.

IV. 10. Ego Q. Maximum [2], eum qui Tarentum [3] recepit, senem adolescens ita dilexi, ut
æqualem. Erat enim in illo viro comitate condita
gravitas nec senectus mores mutaverat. Quamquam eum colere cœpi non admodum grandem
natu, sed tamen jam ætate provectum. Anno
enim post consul [4] primum fuerat quam ego natus sum, cumque eo quartum consule adolescen-

---

« est quod quemquam propter
« annos aut rugas putes diu
« vixisse; non ille diu vixit,
« sed diu fuit. » (Sénèque, de
Brevitate vitæ, VIII.)
1. Belle et noble pensée.
2. Q. Maximum. Quintus Fabius Maximus Verrucosus (275-
202 av. J. C.),
célèbre par sa
prudence qui
lui valut le sur-
nom de Cunc-
tator. Il retarda
la marche d'An-
nibal après le
désastre de Trasimène (217),
et s'empara de Tarente (209).

— Médaille frappée en l'honneur de Fabius et conservée au
cabinet de France.
3. Tarentum. Tarente, ville
de la Grande Grèce, fondée par
des Crétois. Son commerce, le
luxe et la mollesse de ses habitants l'ont rendue fameuse,
Après avoir provoqué les Romains, en 284, les Tarentins
appelèrent Pyrrhus à leur secours. En 272, Papirius Cursor
prit la ville d'assaut. Elle ou-
vrit ses portes à Annibal en 214
et fut reprise par Fabius en 209.
4. Consul primum. Fabius
fut pour la première fois consul en 233, avec M. Pomponius.

tulus miles ad Capuam [1] profectus sum quintoque anno post ad Tarentum. Quæstor [2] deinde quadriennio post factus sum, quem magistratum gessi consulibus Tuditano et Cethego [3], quum quidem ille admodum senex suasor legis Cinciæ [4] de donis et muneribus fuit. Hic et bella gerebat ut adolescens, quum plane grandis esset, et Hannibalem [5] juveniliter exsultantem patientia sua

1. *Capuam.* Fabius assiégea Capoue en 215. Principale ville de la Campanie, Capoue était sur la rive gauche du Vulturne, au pied du mont Tifata : elle s'appela d'abord Vulturnum; les Samnites la prirent en 423. Amollis par le luxe, ne pouvant résister à leurs voisins, les Capouans se donnèrent à Rome (343). Après la journée de Cannes, Annibal y fit reposer son armée. Les Romains reprirent cette ville en 215. Les délices de Capoue sont connues.

2. *Quæstor.* De 204 à 205, Caton fut questeur en Sicile. Nommés par les rois, puis par les consuls, les questeurs étaient pris parmi les patriciens. A partir de l'an de Rome 307 (447 av. J. C.), ils furent élus par le peuple et pris parmi les patriciens et les plébéiens. En 333, outre les deux questeurs urbains, deux autres furent créés pour suivre les consuls à la guerre : *quæstores peregrini.* Ils payaient la solde aux troupes, procuraient les vivres et munitions, recevaient les tributs, vendaient le butin. Les questeurs urbains administraient le trésor public. La questure était le premier degré dans la car-

rière des honneurs; il fallait, pour y arriver, avoir 27 ans. La charge ne durait qu'un an. D'abord deux, puis quatre, les questeurs s'accrurent avec le nombre des provinces conquises. Sous Sylla, il y en eut vingt; sous César, quarante; sous les empereurs, le nombre fut variable et indéterminé.

3. *Tuditano et Cethego.* L. Sempronius Tuditanus et M. Cornélius Céthégus, consuls en 204. Cornélius Céthégus, grand pontife en 213, préteur en 211, censeur en 209; en 204, il vainquit Magon dans la Gaule cisalpine. Ce fut un grand orateur, au dire d'Horace et de Cicéron.

4. *Cinciæ.* La loi Cincia, proposée en 205 par le tribun Cincius Alimentus. Elle interdisait aux orateurs de toucher des honoraires pour leurs plaidoiries.

5. *Hannibalem.* Annibal, fils d'Amilcar Barca, né en 247, tint fidèlement son serment de haine contre Rome, serment prêté en Espagne dès son enfance (238). Il succéda, en 221, à son beau-frère Asdrubal dans le commandement de l'armée carthaginoise d'Espagne. Par le siège de Sagonte, il donna le

molliebat, de quo præclare familiaris noster Ennius [1] :

Unus homo nobis cunctando restituit rem;
Non ponebat enim rumores ante salutem.
Ergo postque magisque viri nunc gloria claret.

11. Tarentum vero qua vigilantia, quo consilio recepit! quum quidem me audiente Salinatori [2], qui amisso oppido fugerat in arcem, glorianti atque ita dicenti : « Mea opera, Q. Fabi, Tarentum recepisti », « Certe », inquit ridens : « nam nisi tu amisisses, numquam recepissem. » Nec vero in armis præstantior quam in toga, qui consul iterum, Sp. Carvilio collega quiescente, C. Fla-

signal de la deuxième guerre punique (219); vainqueur sur le Tessin (218), la Trebie (218), au lac de Trasimène (217), il remporta, dans les plaines de Cannes (216), une éclatante victoire et porta l'épouvante jusqu'aux portes de Rome. Malgré quelques insuccès devant Nole, malgré l'abandon de Tarente et de Syracuse, il se maintint neuf ans dans le Bruttium. Le débarquement de Scipion en Afrique le fit rappeler. Vaincu à Zama (202), il dut bientôt s'enfuir en Asie auprès d'Antiochus, puis de Prusias, roi de Bithynie. La haine de Rome le poursuivit encore dans son exil et il s'empoisonna pour ne pas être livré à ses ennemis implacables (183 av. J. C.). Avec Alexandre et César, c'est un des plus grands capitaines de l'antiquité. — La gravure ci-jointe représente Annibal d'après un buste du Musée de Naples.

1. *Ennius.* Quintus Ennius, poète latin, né en Calabre, à Rudiæ (240-170 av. J. C.). Amené de Sardaigne à Rome par Caton, il s'établit sur l'Aventin. Fort célébré de son vivant, il composa des tragédies imitées des Grecs, surtout d'Euripide, et des annales. Il ne brillait pas par la modestie et s'égalait à Homère.

2. *Salinatori.* M. Livius Salinator, consul en 207 avec C. Claudius Néron, et avec lui vainqueur d'Hasdrubal sur le

minio[1] tribuno plebis quoad potuit restitit agrum
Picentem et Gallicum viritim contra senatus auctoritatem dividenti, augurque[2] quum esset, dicere ausus est « optimis auspiciis ea geri, quæ
pro rei publicæ salute gererentur, quæ contra
rem publicam ferrentur, contra auspicia ferri. »
12. Multa in eo viro præclara cognovi, sed nihil
est admirabilius quam quo modo ille mortem filii
tulit, clari viri et consularis. Est in manibus laudatio[3], quam quum legimus, quem philosophum
non contemnimus? Nec vero ille in luce modo
atque in oculis civium magnus, sed intus do-
mique præstantior. Qui sermo, quæ præcepta,

Mé-aure. Devenu censeur, il
établit un impôt sur le sel, de
là son surnom.

1. *Flaminio.* Caius Flaminius Népos; tribun du peuple,
il proposa une loi qui parta-
geait entre les plébéiens les
terres du Picénum (232). Consul en 223, avec P. Furius Phi-
lus, il vainquit les Insubriens.
De nouveau consul en 217 avec
Cn. Servilius Géminus, il périt
à la bataille du lac de Trasimène.

Au nord du Picénum était le
territoire des Gaulois Sénonais

2. *Augurque.* Les augures
interprétaient la volonté des
dieux d'après le vol ou le chant
des oiseaux. Les membres du
collège des augures étaient
nommés, à l'origine, par le roi,
qui les présidait. Jusqu'en 301
av. J. C. les patriciens se ré-
servèrent ces fonctions impor-
tantes. Ces prêtres étaient ina-
movibles; ils portaient la robe
prétexte et un long bâton re-
courbé en forme de crosse à la
main droite. — Augure, d'après

un bas-relief du Musée de Flo-
rence.

3. *Laudatio.* Eloge funèbre,

quanta notitia antiquitatis, quæ scientia juris au-
gurii [1]! Multæ etiam, ut in homine Romano [2],
litteræ : omnia memoria tenebat non domestica
solum, sed etiam externa bella. Cujus sermone ita
tum cupide fruebar, quasi jam divinarem, id quod
evenit, illo exstincto fore unde discerem neminem.

V. — Platon, Isocrate, Gorgias, Ennius ont aussi supporté la vieillesse sans chagrin et sans affaiblissement.

V. 13. Quorsus igitur hæc tam multa de
Maximo ? Quia profecto videtis nefas esse dictu
miseram fuisse talem senectutem. Nec tamen
omnes possunt esse Scipiones aut Maximi, ut
urbium expugnationes, ut pedestres [3] navalesve
pugnas, ut bella a se gesta, ut triumphos recor-
dentur. Est etiam quiete et pure atque eleganter
actæ ætatis placida ac lenis senectus, qualem
accepimus Platonis [4], qui uno et octogesimo

1. *Juris augu-
rii.* Les règles de
ce droit ne furent
jamais écrites.
La tradition les
conservait.

2. *In homine
Romano.* Fabius
était très lettré
pour un Romain.

3. *Pedestres*
équivaut à ter-
restres.

4. *Platonis.*
Platon (429-347
av. J. C.), le plus
sublime philo-
sophe de l'anti-
quité, né à Athènes. En 388, il

fonda, sous les
ombrages du jar-
din d'Académus,
une école de phi-
losophie où il
enseigna jusqu'à
la fin de sa lon-
gue carrière. Il
mourut en 347,
selon les uns en
corrigeant son
livre de *la Ré-
publique*, selon
d'autres dans un
festin. — Buste
antique de Pla-
ton, d'après l'*Ico-
nographie grec-
que* de Visconti.

anno scribens est mortuus, qualem Isocratis [1], qui eum librum, qui « Panathenaicus » inscribitur, quarto et nonagesimo anno scripsisse se dicit vixitque quinquennium postea, cujus magister Leontinus Gorgias [2] centum et septem complevit annos, neque umquam in suo studio atque opere cessavit. Qui, quum ex eo quæreretur cur tam diu vellet esse in vita : « Nihil habeo » inquit « quod accusem senectutem [3]. » Præclarum responsum et docto homine dignum. 14. Sua enim vitia insipientes et suam culpam

---

1. *Isocratis.* Isocrate, rhéteur athénien (436-338 av. J. C.) et disciple de Gorgias et de Prodicus. Ses discours, d'un style très poli, lui coûtaient beaucoup de travail ; un panégyrique d'Athènes (Παναθηναικός) l'occupa quinze ans. Après la journée de Chéronée, il se laissa mourir de faim.

2. *Gorgias.* Rhéteur grec né à Leontium, en Sicile, et mort à 108 ans, l'an 380 av. J. C. Dans un voyage à Athènes (426), il séduisit le peuple par son beau langage. La mode fut de parler à la Gorgias (γοργιάζειν). Dialecticien subtil et sceptique, il a laissé un grand renom comme sophiste.

3. *Accusem senectutem.* « La vieillesse est une grâce, car qui peut se croire le droit de dire avec Tobie : « Il m'est plus avantageux de mourir que de vivre longtemps? » Chaque jour accordé au vieillard est non pas un sursis, délai stérile, quand il n'est pas plein d'angoisse, mais un temps utile pendant lequel il peut modifier, amender les torts du passé, diminuer sa dette, se libérer, fléchir, attendrir son juge, convertir l'arrêt en acquittement. Quelle bénédiction qu'une vieillesse chrétienne! Combien elle opère de développements auxquels on n'atteint ni dans la jeunesse ni dans l'âge mûr! Cette halte à la fin de la course permet au voyageur d'essuyer la sueur qui couvre son front, de secouer la poussière qui le souille, avant d'entrer dans la salle du festin du père de famille. » (Mᵐᵉ Swetchine, *op. cit.*, 8.)

« Ce surcroît de vie que nous appelons la vieillesse aurait toujours beaucoup de prix, quand même il ne nous serait donné que pour nous repentir et devenir meilleurs, sinon plus habiles. » (Joubert, *Pensées...* tome I.)

« La jeunesse est la plus belle fleur qui soit au monde, dit une chanson bretonne, mais la vieillesse, ajouterai-je, est le plus savoureux des

in senectutem conferunt : quod non faciebat is,
cujus modo mentionem feci, Ennius :

Sicut fortis equus, spatio qui sæpe supremo [1]
Vicit Olympia, nunc senio confectus quiescit.

Equi fortis et victoris senectuti comparat suam.
Quem quidem probe meminisse potestis. Anno
enim undevicesimo post ejus mortem hi consules, T. Flamininus et M'. Acilius [2], facti sunt,
ille autem Cæpione et Philippo iterum consulibus [3] mortuus est, quum ego quidem v et LX annos natus legem Voconiam [4] magna voce et bonis lateribus [5] suasissem. Annos LXX natus —
tot enim vixit Ennius — ita ferebat duo quæ
maxima putantur onera [6], paupertatem et senec-

« fruits. Il y a plus de sucre
« dans le fruit mûr que dans le
« fruit vert. » (Mᵐᵉ Swetchine,
op. cit.)

Chaque âge a ses honneurs, et la saison
[dernière
Aux fleurs de l'oranger fait succéder
[son fruit.
(A. Chénier, *l'Oaristys.*)

« *Beatus quidem juvenis*
« *est qui bene vivit ; sed ma-*
« *gis beatus est senex qui bene*
« *vixit ; quod enim juvenis*
« *sperat, adeptus est senior ;*
« *quod senex fiat, optat hoc*
« *esse qui juvenis est.* »(S. Ber-
nard, lib. *de Jacob.*, ch. VIII.)

1. *Spatio supremo.* Au bout
de la carrière.

2. *M. Acilius.* T. Quinctus
Flamininus et M. Acilius Balbus
étaient consuls l'an 150 av. J. C.

3. *Consulibus.* C'est l'an de
Rome 385 (169 av. J. C.) que
Q. Marcius Philippus fut con-

sul pour la deuxième fois, avec
C. Servilius Cæpio pour collègue.

4. *Voconiam.* Cette même
année 169, le tribun Voconius
Saxa fit passer une loi renou-
velant des lois plus anciennes.
Cette loi défendait d'instituer
héritière une femme, fût-elle
fille unique, et de lui léguer
plus de la moitié du patrimoine.
Caton contribua au succès de
cette loi.

5. *Lateribus.* Poumons...

6. *Onera.* Depuis que Jésus-
Christ a donné l'exemple, le
monde étonné a vu des hommes, non seulement supporter
avec résignation la pauvreté,
mais l'aimer passionnément,
se faire pauvres volontaires et
fonder des ordres mendiants.
Tous les chrétiens doivent être
pauvres, sinon réellement, du
moins en esprit. Ces préceptes

tutem, ut eis pæne delectari videretur. 15. Etenim, quum complector animo, quattuor reperio
causas cur senectus misera videatur : unam quod
avocet a rebus gerendis, alteram quod corpus
faciat infirmius, tertiam quod privet omnibus
fere voluptatibus, quartam quod haud procul
absit a morte. Earum, si placet, causarum quanta
quamque sit justa unaquæque videamus [1].

évangéliques sont trop mécon-
nus dans un siècle où la question sociale et le paupérisme
préoccupent justement les es-
prits.

1. *Videamus*. Examen qui va
être l'objet de tout l'opuscule.

« Prise du côté du monde, la
« vieillesse est un malheur, et,
« comme tous les malheurs,
« elle doit être portée avec di-
« gnité. C'est un bâton qu'elle
« demande et non une béquille
« Humainement parlant, la
« vieillesse est une honte, car
« il est certain qu'elle a une
« sorte de pudeur; elle est une
« infériorité, car elle est timide.
« Selon le monde, elle est une
« dégradation successive. En
« Dieu, au contraire, il n'y a
« plus de temps, et la vieillesse
« n'a plus d'ennemi, si déjà l'é-
« ternité a commencé pour elle.
« La vieillesse serait humi-
« liante, si, avec le déchet du
« corps, l'âme ne gagnait pas
« en dignité; mais, comme les
« princes qui s'élèvent en rang
« à mesure qu'ils approchent
« du trône, le vieillard gravit
« les marches de l'éternité par
« une promotion successive.

« Les entraves circonvien-
« nent la vieillesse de toutes

« parts; la dépendance et une
« dure servitude pèsent sur ses
« organes affaiblis. Mais, à me-
« sure que ses chaînes se rivent
« et s'appesantissent, que les
« appuis s'affaissent, que les
« liens se dénouent silencieu-
« sement, que de libertés éclo-
« sent et essaient leurs ailes!
« Que d'aspirations qui ne ren-
« contrent rien qui les gêne!
« Quel sentiment de délivrance,
« quelle liberté de mouvements
« à travers l'espace agrandi!
« Le vieillard chrétien n'est-il
« pas le plus libre des affran-
« chis de Jésus-Christ? Qu'est
« la dépendance extérieure au-
« près de la parfaite liberté du
« dedans? Cette liberté parfaite
« du vieillard lui permet la
« franchise, attribut des vieux
« ans. » (Mme Swetchine, *op. cit.*)

M. Th. H. Martin fait remarquer très justement que Cicéron
a omis un des effets les plus
tristes de la vieillesse, lequel
« consiste en des maladies men-
« tales incurables qui, sans
« avoir été provoquées, peuvent
« survenir, même dans la force
« de l'âge, mais surtout dans
« l'extrême vieillesse, et dont
« la forme la plus fréquente est
« la démence sénile. »

VI. — Premier inconvénient : La vieillesse nous arrache
à la vie active. — Nullement, il y a une activité propre
aux vieillards, plusieurs ont rendu de grands services
à leur patrie.

VI. « A rebus gerendis [1] senectus abstrahit. »
Quibus? an iis, quæ juventute geruntur et viribus? Nullæne igitur res sunt seniles, quæ vel
infirmis corporibus, animo tamen administren-
tur? Nihil ergo agebat Q. Maximus, nihil L. Paul-
lus [2], pater tuus, Scipio, socer optimi viri, filii
mei? Cæteri senes, Fabricii, Currii, Coruncanii [3],
quum rem publicam consilio et auctoritate de-

1. *A rebus gerendis.* Caton
entend surtout les affaires publiques. « *Ad parendum juve-*
« nilis, ad imperandum seni-
« lis ætas accommodata est :
« ac maxime salva est civitas,
« ubi consilium senum et ju-
« venum arma obtinet. » (Plutarque, *Tract. an sen. gerend.*
resp.)
La vieillesse n'est pas inac-
tive, elle désire la paix, non le
repos.
« La paix, oui, répond
« Mme Swetchine; le repos, non ;
« il n'est pas de ce monde, il
« n'en doit pas être. Dans la
« dernière maladie d'Arnaud,
« quelqu'un l'invitait à se re-
« poser : « Me reposer, mon-
« sieur, reprit le moribond en
« se soulevant, mais j'ai l'éter-
« nité pour cela. »
2. *L. Paulus.* Paul-Emile.
Son père mourut à Cannes (216),
Né en 227, mort en 158 av. J. C.,
il fut chargé, à soixante ans, de
soumettre Persée. Vainqueur à
Pydna (168), il conquit la Ma-

cédoine et en rapporta des richesses inouïes. Un de ses fils

fut adopté par la famille des
Scipions. Le petit-fils du vaincu
de Cannes détruisit Carthage.
—Revers d'une médaille de Paul-
Emile (Cabinet de France).—
3. *Fabricii, Currii...* Fabricius, général romain, vainqueur de Pyrrhus, consul en
282 avec Q. Æmilius Papus;
il délivra Thurium assiégé par
les Bruttiens et les Lucaniens.
Vainqueur des Samnites, il
guerroya contre Pyrrhus. Consul pour la deuxième fois en
278, avec le même collègue;
censeur en 275, il montra un

fendebant, nihil agebant? 16. Ad Appii Claudii[1] senectutem accedebat etiam ut cæcus esset,
tamen is, quum sententia senatus inclinaret ad
pacem cum Pyrrho[2] fœdusque faciendum, non
dubitavit[3] dicere illa, quæ versibus persecutus
est Ennius :

Quo vobis mentes, rectæ quæ stare solebant
Antehac, dementes sese flexere viai[4]?

cæteraque gravissime : notum enim vobis carmen
est, et[5] etiam ipsius Appii exstat oratio. Atque

grand désintéressement. Il fut
enterré aux frais du peuple, et
l'Etat dota ses filles.

Marcus Curius Dentatus, autre général. Vainqueur des Samnites, des Sabins, puis de Pyrrhus à la journée décisive de
Bénévent (275), il fut consul
pour la troisième fois (274).
Son désintéressement et sa fru-
galité sont célèbres.

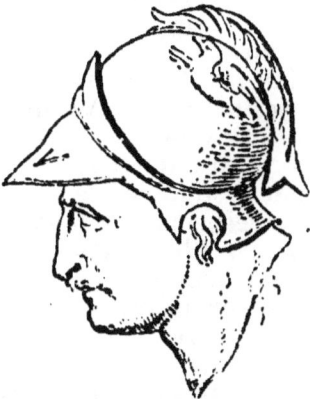

Tib. Coruncanius Népos, jurisconsulte renommé. Il fut le
premier plébéien qui devint
grand pontife. Il fut consul en
280 avec P. Valérius Lavinus.

1. *Appii Claudii.* Appius

Claudius Cæcus, célèbre par sa
rigidité; censeur en 312; il fit
construire la voie Appienne.
Sur ses instances, le sénat re-
jeta les propositions de Cinéas,
l'ambassadeur de Pyrrhus (279).

2. Célèbre roi d'Epire, vainqueur des Romains à Héraclée
(280). — Nous reproduisons ici :
1° une tête de Pyrrhus, prise
sur une médaille d'argent des
Bruttiens, et 2° le revers d'une
médaille de ce prince.

3. *Dubitavit.* N'hésita pas,
ne craignit pas. Au moyen âge,
douter avait le sens de craindre,
sens qui est resté dans redouter.

4. *Viai.* Génitif archaïque
se construisant avec *quo.*

5. *Et.* L'édition allemande
porte *et tamen;* nous préférons
la version *et etiam.*

hæc ille egit septem et decem annos post alterum
consulatum, quum inter duos consulatus anni
decem interfuissent censorque ante consulatum
superiorem fuisset, ex quo intelligitur Pyrrhi
bello grandem sane fuisse, et tamen sic a patribus accepimus. 17. Nihil igitur adferunt qui in
re gerenda versari senectutem negant, similes-
que sunt ut si qui gubernatorem in navigando
nihil agere dicant, quum alii malos scandant,
alii per foros cursent, alii sentinam exhauriant,
ille [1] clavum tenens quietus sedeat in puppi. Non
facit ea, quæ juvenes, at vero multo majora
et meliora facit. Non viribus aut velocitatibus
aut celeritate corporum res magnæ geruntur,
sed consilio, auctoritate, sententia : quibus non
modo non orbari, sed etiam augeri senectus solet [2]. 18. Nisi forte ego vobis, qui et miles et tri-

1. *Ille.* Le pilote. Cicéron le suppose âgé, à cause de l'expé-rience que demande son métier.

2. *Augeri senectus solet.* Les louanges ne manquent pas à la vieillesse : « *Quia tibi Deus* « *dedit honorem senectutis.* » (Dan. XIII, 50.)

« *Quam speciosum canitici* « *judicium et presbyteris co-* « *gnoscere consilium !*

« *Quam speciosa veteranis* « *sapientia et gloriosis intel-* « *lectus et consilium !*

« *Corona senum multa peri-* « *tia et gloria illorum timor* « *Dei.* » (Ecclésiastique, XXV, 5, 6, 7.)

« *Cani autem sensus homi-* « *nis (est), et ætas senectutis* « *vita immaculata.* » (Sapient., III, 9.)

« (*Senectus) prudentiæ do-* « *micilium, divinitatis tem-* « *plum.* » (Synesius, lib. *de Prudentia.*)

« La vieillesse est le dôme « majestueux et imposant de la « vie humaine; Dieu en fait le « sanctuaire de toutes les sa-« gesses, de toutes les justices, « le tabernacle des plus pures « vérités. L'expérience a tout « appris au vieillard; ses ef-« forts sur lui-même ont tout « réduit à cet état simple, à « cette unité parfaite où toute « conviction a son épreuve et sa « contre-épreuve, le trésor des « traditions et celui des con-« naissances acquises, tout l'an-« cien et successivement tout le « nouveau, la vérité pratique et « la vérité éternelle, la relative

bunus et legatus et consul versatus sum in vario genere bellorum, cessare nunc videor, quum bella non gero. At senatui quæ sint gerenda præscribo et quo modo, Carthagini [1] male jam diu cogitanti bellum multo ante denuntio, de qua vereri non ante desinam quam illam excisam esse cognovero. 19. Quam palmam utinam dî immortales, Scipio, tibi reservent, ut avi [2] reliquias persequare ! cujus a morte tertius hic et tricesimus annus est, sed memoriam illius viri omnes excipient anni consequentes. Anno ante

« et l'absolue, ce qui aide à se « conduire dans ce monde et « ce qui conduit dans l'autre... »
— « Le vieillard est le pontife « du passé, ce qui ne l'empêche « pas d'être le voyant de l'ave- « nir. Le prêtre représente le « sacerdoce de l'éternité; le « vieillard celui du temps; « l'expérience, en lui, fait les « oracles et les prophéties, et « plus d'une fois, dans l'état « imparfait des sociétés où le « sacerdoce et la magistrature « se trouvaient confondus, les « anciens du peuple ont suffi « pour maintenir et perpétuer « la notion bienfaisante et tu- « télaire du droit et de l'éter- « nité. » (Mme Swetchine, op. cit.)
« La vieillesse, voisine de l'é- « ternité, est une espèce de sa- « cerdoce. » (Joubert.)

2. Carthagini. Ville célèbre par son commerce; Carthage, la rivale de Rome, était une colonie phénicienne. Sa puissance inspira une haine profonde à Caton, qui terminait tous ses discours par « Delenda

Carthago! » En 146 av. J. C. son vœu se réalisait.
2. Avi. Le premier Africain, le vainqueur de Zama (19 octobre 202). Il mourut en 183 av. J. C. Il est peu probable que

Caton ait décerné ces éloges à Scipion dont il était jaloux. En Sicile, il se brouilla avec le héros (205) et Tite-Live nous dit de Caton : « Allatrare « ejus (Scipionis) magnitudi- « nem solitus erat. » — Scipion l'Ancien, d'après Visconti.

me censorem [1] mortuus est, novem annis post meum consulatum, quum consul iterum me consule creatus esset [2]. Num igitur, si ad centesimum annum vixisset, senectutis eum suæ pœniteret? Nec enim excursione nec saltu nec eminus hastis aut cominus gladiis uteretur, sed consilio, ratione, sententia. Quæ nisi essent in senibus, non summum consilium majores nostri appellassent senatum [3]. 20. Apud Lacedæmonios

1. *Censorem.* Les censeurs étaient des magistrats chargés de présider au cens : dénombrement fait tous les cinq ans des hommes libres et de leur fortune. Ils furent institués en 443 av. J. C. Jusque-là les consuls avaient eu cette charge. Ils étaient deux, élus pour cinq ans, mais ce laps de temps fut réduit à dix-huit mois. Distribuer les citoyens par classes, dégrader les chevaliers et les sénateurs qui le méritaient, les noter d'infamie, surveiller les mœurs, répartir l'impôt, telles étaient leurs fonctions. Leurs arrêts étaient sans appel; mais, à leur sortie de charge, on pouvait les accuser. A la mort d'un censeur son collègue abdiquait. Ils étaient choisis par les centuries entre les citoyens qui, âgés d'au moins quarante ans, avaient été préteurs ou consuls. Nul ne pouvait être deux fois censeur. En 233 av. J. C., les plébéiens obtinrent une des deux places de cette charge si considérée. Sylla la supprima. Rétablie après lui, son importance s'affaiblit beaucoup et elle disparut sous Vespasien.

2. *Creatus esset.* Caton fut censeur en 184, consul en 195, avec Valérius Flaccus. Scipion fut consul pour la deuxième fois en 194, avec Sempronius Longus. Il y a donc une petite erreur.

3. *Senatum.* Institué par Romulus, le Sénat compta d'abord cent membres : *patres*, appelés ainsi parce qu'ils étaient les chefs des *gentes*, chefs de famille. Tarquin porta ce nombre à trois cents. Au début de la République, cent quarante nouveaux membres, pris dans les six premières centuries de chevaliers, composées de patriciens, entrèrent au Sénat. Dès lors, deux catégories : les *patres*, chefs des cent *gentes*, les *patres conscripti* (ajoutés), pris parmi les branches cadettes de ces *gentes*. Sous César, il y eut mille sénateurs; Auguste ramena le nombre à six cents. Choisis par les rois, les consuls, puis par les censeurs, les sénateurs étaient pris parmi les citoyens ayant exercé des magistratures. Légalement, le Sénat devait être renouvelé tous les cinq ans; en réalité les listes se ressemblaient presque

quidem ii, qui amplissimum magistratum ge-
runt, ut sunt, sic etiam nominantur senes[1]. Quod
si legere aut audire voletis externa, maximas res
publicas ab adolescentibus labefactatas, a senibus
sustentatas et restitutas reperietis [2].

Cedo, qui vestram rem publicam tantam amisistis tam
[cito?

Sic enim percontantur, ut est in Nævii [3] poetæ
Ludo : respondentur et alia et hoc in primis :

Proveniebant oratores novi, stulti adolescentuli.

Temeritas est videlicet florentis ætatis, pruden·
tia senescentis.

---

toujours. Le Sénat devint de
bonne heure un corps viager,
se recrutant lui-même, où les
fils succédaient ordinairement
aux pères. C'était un corps oli-
garchique, qui dirigeait la Ré·
publique : *Senatus populusque
Romanus.* Les assemblées ré-
gulières se tenaient aux ka-
lendes, aux ides, aux nones de
chaque mois, dans un temple,
autrement les décisions eussent
été entachées de nullité. Chacun parlait de sa place. On
votait soit avec des cailloux,
au scrutin secret, soit en le-
vant la main, soit en allant
de côté de ceux dont on adop-
tait l'avis (*ire pedibus in sententiam alicujus*). Les dé-
crets rendus s'appelaient *sé-
natus-consultes.* Le *princeps
senatus* était le sénateur inscrit
le premier sur la liste. Le cos-
tume se composait de la toge
bordée de pourpre et de clous

d'or (*laticlave*) et d'une chaus-
sure fermée par un croissant
d'or ou d'argent. Dans les spec-
tacles, les sénateurs avaient des
places réservées.

1. *Senes.* Le Sénat de Sparte
se composait de vingt-huit citoyens âgés de soixante ans
au moins, irresponsables, élus
pour la vie, appelés γέροντες.
Leur assemblée s'appelait γε-
ρουσία. Ce corps avait le droit
de délibérer souverainement ;
les rois avaient le suprême commandement. (Cicéron, *de Republica*, livre II, xxviii.)
2. *Restitutas reperietis.*
L'histoire est là pour attester
ce fait. '
3. *Nævii.* Cneius Nævius,
poète latin, né en Campanie
(272). Il mourut exilé à Utique
(202). Ses œuvres sont des tragédies, des comédies et une
épopée : *la Guerre punique,*
écrite en vers saturniens.

VII. — Mais la mémoire s'en va. Les vieillards qui s'efforcent de la garder, la conservent.

VII. 21. « At memoria minuitur. » Credo, nisi eam exerceas aut etiam si sis natura tardior. Themistocles omnium civium perceperat nomina [1]. Num igitur censetis eum, quum ætate processisset, qui Aristides [2] esset Lysimachum salutare solitum? Equidem non modo eos novi, qui sunt, sed eorum patres etiam et avos, nec sepulcra legens vereor [3], quod aiunt, ne memoriam perdam : his enim ipsis legendis in memoriam redeo mortuorum. Nec vero quemquam senem audivi oblitum quo loco thesaurum obruisset. Omnia quæ curant meminerunt, vadimonia [1]

1. Dans notre siècle, Berthier et Napoléon Ier passaient pour avoir une grande mémoire. Malgré Cicéron, la mémoire des vieillards est généralement moins fidèle, moins prompte. « Les vieillards « ont la mémoire « des choses an- « ciennes et n'ont « pas celle des cho- « ses récentes. » (Joubert.)

2. *Aristides.* Aristide, fils de Lysimaque, fut un des dix stratèges à Marathon (490 av. J. C.). Sa probité le fit surnommer le Juste. Jaloux de sa vertu, Thémistocle obtint son bannissement. Aris-

tide se vengea noblement en venant rejoindre son rival à Salamine (480) et en se distinguant dans la campagne de Platée (479). Il mourut en 469. — Aristide, d'après une statue de la bibliothèque du Vatican.

3. *Vereor.* D'après un proverbe, on perdait la mémoire en lisant les épitaphes. Caton les lisait pour composer son ouvrage *des Origines.*

4. *Vadimonia.* Caution par laquelle on s'engageait à comparaître, à jour fixé devant la justice. De *vas-vadis,* caution, répondant.

constituta, qui sibi, cui ipsi debeant. 22. Quid juris consulti, quid pontifices, quid augures, quid philosophi senes? quam multa meminerunt! Manent ingenia senibus, modo permaneat studium et industria, nec ea solum in claris et honoratis viris, sed in vita etiam privata et quieta. Sophocles [1] ad summam senectutem tragœdias fecit; quod propter studium quum rem negligere familiarem videretur, a filiis in judicium vocatus est, ut, quemadmodum nostro more [2] male rem gerentibus patribus bonis interdici solet, sic illum quasi desipientem a re familiari removerent judices. Tum senex dicitur eam fabulam, quam in manibus habebat e proxime scripserat, Œdipum Coloneum recitasse judicibus quæsisseque num illud carmen desipientis videretur. Quo recitato, sententiis judicum est liberatus. 23. Num igitur hunc, num Homerum [3], num Hesiodum, Simonidem, Stesicho-

---

1. *Sophocles.* Sophocle, le né à Colone en 496, mort en 405 av. J. C. A vingt-sept ans, il remporta sur Eschyle le prix de la tragédie. Des cent pièces qu'on lui attribua, sept seulement nous sont parvenues. Le trait raconté ici par Cicéron a été plus d'une fois contesté. — Sophocle, d'après un buste du Vatican.

plus parfait des tragiques grecs,

2. *Nostro more.* Par la loi des XII Tables, la famille peut réclamer l'interdiction d'un père dissipateur. « *Si furiosus* « *escit* » pour *erit*.

3. *Homerum.* L'histoire n'a rien laissé de bien précis sur *Homère* ni sur *Hésiode*, l'auteur de la *Théogonie*.

rum, num quos ante dixi, Isocratem, Gorgiam, num philosophorum principes, Pythagoram, Democritum, num Platonem, num Xenocratem, num postea Zenonem, Cleanthem aut eum, quem vos etiam vidistis Romæ, Diogenem Stoicum coegit in suis studiis obmutescere senectus? an [1] in omnibus his studiorum agitatio vitæ æqualis fuit? 24. Age, ut ista divina studia omittamus, possum nominare ex agro Sabino rusticos Ro-

Trois mille ans ont passé sur la cendre d'Homère.
Et depuis trois mille ans Homère respecté
Est jeune encor de gloire et d'immortalité.
(M.-J. Chénier.)

— Homère, d'après le buste du Louvre.

Simonide de Céos (536-467), poète lyrique des plus renommés.

Stésichore, autre célèbre lyrique, né en Sicile, à Himère, dans la 1re moitié du VIe siècle av. J. C. Son nom était Tisias; celui de Stésichore lui fut donné parce qu'on lui attribue la division du chœur en trois parties : strophe, antistrophe, épode. Stésichore signifie régulateur du chœur.

Pythagore, philosophe grec né à Samos (569-470). En 551 il commença ses voyages. Vers 511, il se retira dans la grande Grèce, à Crotone. Il mourut à Tarente.

Démocrite, philosophe grec, né en 460, à Abdère. Il voyagea beaucoup.

Xénocrate, philosophe grec, né à Chalcédoine (396-314). C'est lui qui dirigea l'Académie après Speusippe.

Zénon de Citium (Chypre) (358-260), fondateur de l'école stoïcienne. Il faisait ses cours dans un endroit très fréquenté d'Athènes : στοά, le Portique.

Cléanthe, philosophe stoïcien, né en Troade, à Assos. Il succéda, comme chef du Portique, à Zénon, et mourut en 225.

Diogenem Stoicum. Diogène le Stoïcien, né à Séleucie, près de Babylone. Il vint à Rome avec Critolaüs et Carnéade (156 av. J. C.), comme ambassadeur d'Athènes; Caton les fit tous trois congédier. Leur philosophie lui semblait dangereuse.

1. *An* équivaut à *nonne.*

manos vicinos et familiares meos, quibus absen-
tibus numquam fere ulla in agro majora opera
fiunt, non serendis, non percipiendis, non con-
dendis fructibus. Quamquam in aliis minus hoc
mirum est : nemo enim est tam senex qui se annum non putet posse vivere : sed iidem in eis
elaborant, quæ sciunt nihil ad se omnino pertinere :

serit
Arbores, quæ alteri sæculo prosient,

ut ait Statius [1] noster in Synephebis. 25. Nec
vero dubitat agricola, quamvis sit senex, quærenti cui serat respondere : « Dîs immortalibus,
qui me non accipere modo hæc a majoribus voluerunt, sed etiam posteris prodere [2]. »

---

1. *Statius.* Statius Cæcilius,
poète comique latin, mort vers
l'an 168 av. J. C. Ses éloges
encouragèrent les débuts de Térence. Il traduisit *les Syné-
phèbes* (Compagnons de jeunesse) de Ménandre.

2. Virgile a dit de même :

Insere, Daphni, piros; carpent tua
|poma nepotes,

et la Fontaine :

Mes arrière-neveux me devront cet
(ombrage.
Eh bien ! défendrez-vous au sage
De se donner des soins pour le plaisir
[d'autrui?
Cela même est un fruit que je goûte
[aujourd'hui.

« Lorsque l'on voit un homme
« entreprendre une œuvre dont
« il ne verra pas l'accomplis-
« sement, n'est-on pas touché de
« ce dévouement au bien-être
« des races futures! Ainsi, lors-
« qu'un homme, même jeune,
« sème une forêt de chênes,
« pose la première pierre d'un
« édifice que plusieurs généra-
« tions doivent voir s'élever,
« n'est-on pas ému de cette
« pensée de dévouement à ceux
« que l'on ne connaît pas et
« qu'on ne doit jamais connaî-
« tre? Eh bien ! presque toute
« la vie du vieillard est pleine
« de ce désintéressement-là ;
« dans ce qu'il commence, tout
« est gland pour lui, car il ne
« verra le chêne d'aucune de
« ses espérances; tout ce qu'il
« commence, même s'il l'achève,
« c'est d'autres qui en jouiront. »
(Mᵐᵉ Swetchine, *op. cit.*)

VIII. — Le vieillard n'est pas à charge à autrui. La jeunesse recherche ses conseils; elle peut l'aimer. Il ne doit pas rester oisif.

VIII. Melius Cæcilius de sene alteri sæculo prospiciente quam illud idem :

*Edepol, senectus, si nil quidquam aliud viti
Apportes tecum, quum advenis, unum id sat est,
Quod diu vivendo multa quæ non volt videt.*

Et multa fortasse quæ vult! atque in ea quidem, quæ non vult, sæpe etiam adolescentia incurrit. Illud vero idem Cæcilius vitiosius :

*Tum equidem in senecta hoc deputo miserrimum,
Sentire ea ætate esse se odiosum alteri.*

26. Jucundum potius quàm odiòsum! Ut enim adolescentibus bona indole præditis sapientes senes delectantur leviorque fit senectus eorum, qui a juventute coluntur et diliguntur [1], sic adolescentes senum præceptis gaudent, quibus ad

---

1. *Coluntur et diliguntur.* *Colere* indique le respect, la déférence, un culte. *Diligere* exprime l'affection.

« Les plus jeunes ne sont pas « dans le devoir quand ils n'ont « pas de déférence pour les plus « âgés. N'estimons que le jeune « homme que les vieillards « trouvent poli. Honorez la « vieillesse, car vous vieillirez « à votre tour. » (Joubert.)

Sur le respect dû au vieillard : « *Coram cano capite con-* « *surge, et honora personam* « *senis.* » (*Lévitique*, XIX, 32.)

« *Non te prætereat narratio* « *seniorum, ipsi enim didice-* « *runt a patribus suis; quo-* « *niam ab ipsis disces intel-* « *lectum, et in tempore neces-* « *sitatis dare responsum.* » (*Ecclésiastique*, VIII, 11-12.)

« *Senectus enim venerabilis* « *est non diuturna, neque an-* « *norum numero computata.* » (*Sapient.*, III, 8.)

« Respecte les cheveux blancs, « cède la place à la vieillesse « et ne lui dispute jamais les « honneurs qui sont dus à cet « âge vénérable. Rends au sage

virtutum studia ducuntur : nec minus intelligo
me vobis quam mihi vos esse jucundos. Sed
videtis ut senectus non modo languida atque
iners non sit, verum etiam si operosa et semper
agens aliquid et moliens, tale scilicet, quale
cujusque studium in superiore vita fuit. Quid?
qui etiam addiscunt aliquid, ut et Solonem [1] versibus gloriantem videmus, qui se quotidie aliquid
addiscentem dicit senem fieri, ut ego feci, qui
litteras Græcas senex didici [2], quas quidem sic
avide adripui quasi diuturnam sitim explere cu-
piens, ut ea ipsa mihi essent nota, quibus me
nunc exemplis uti videtis. Quod quum fecisse
Socratem in fidibus audirem, vellem equidem
etiam illud — discebant enim fidibus antiqui, —
sed in litteris certe elaboravi.

IX. — Deuxième inconvénient : La vieillesse diminue les
forces de l'esprit. Soit, mais la pensée reste intacte. Les
vieillards peuvent être éloquents et instruire la jeunesse. Le plus souvent les infirmités de la vieillesse
viennent des désordres de la jeunesse.

IX. 27. Ne nunc quidem vires desidero adolescentis — is enim erat locus alter de vitiis se-

« vieillard tous les hommages
« que ton père recevrait de
« toi... » (Phocylide, Sentence
xcii.)
Si les jeunes gens aiment les
vieillards, les vieillards, eux
aussi, aiment la jeunesse.
« Le souvenir de la jeunesse
« est tendre dans les vieillards. »
(La Bruyère, Caractères, De
l'homme.)

1. *Solonem.* Solon (638-578
av. J. C.), législateur d'Athènes,
poète distingué, grand voyageur, fut nommé seul archonte
en 594 et revisa la constitution
d'Athènes. C'est un des sept
Sages.
2. *Senex didici.* Caton avait
plus de soixante-dix ans quand
il commença l'étude du grec.
Son maître fut Ennius.

nectutis, — non plus quam adolescens tauri aut
elephanti desiderabam. Quod est, eo decet uti
et quidquid agas agere pro viribus. Quæ enim
vox potest esse contemptior quam Milonis Crotoniatæ [1]? qui, quum jam senex esset athletasque
se exercentes in curriculo videret, aspexisse la-
certos suos dicitur illacrimansque dixisse : « At
hi quidem mortui jam sunt. » Non vero tam isti
quam tu ipse, nugator. Neque enim ex te umquam es nobilitatus, sed ex lateribus et lacertis
tuis. Nihil Sex. Ælius [2] tale, nihil multis annis
ante Tib. Coruncanius, nihil modo P. Crassus [3],
a quibus jura civibus præscribebantur : quorum
usque ad extremum spiritum est provecta prudentia [4]. 28. Orator metuo ne languescat senectute : est enim munus ejus non ingenii solum,

1. *Milonis Crotoniatæ.* Milon de Crotone, fameux athlète,
six fois vainqueur aux jeux
Olympiques et Pythiques. Il
commandait l'armée crotoniate
qui vainquit les Sybarites en
511. Devenu vieux, il ne put
séparer un chêne entr'ouvert,
ses mains restèrent prises dans
les bois et il fut dévoré par les
loups. Cette mort a inspiré à
notre grand sculpteur Puget
un de ses chefs-d'œuvre.

Platon ordonne aux vieillards
d'assister aux exercices et aux
jeux des jeunes gens pour se
rappeler leur souplesse et leur
habileté. (*Lois,* livre II.)

Cf. Montaigne, l. III, ch. v.

2. *Sextus Ælius.* Sextus
Ælius Pætus, surnommé *Ca-
tus,* le rusé, consul en 198 av.
J. C., avec T. Quinctius Flamininus. C'est un jurisconsulte
distingué.

3. *Crassus.* P. Lucinius Crassus Dives, consul en 205, avec
P. Cornélius Scipio Africanus ;
jurisconsulte renommé.

4. A cette idée que la vieillesse diminue les forces de l'esprit, Joubert répond : « Il est
« un âge où les forces de notre
« corps se déplacent et se re-
« tirent dans notre esprit. Les
« vertus religieuses ne font
« qu'augmenter avec l'âge, elles
« s'enrichissent de la ruine des
« passions et de la perte des
« plaisirs. Les vertus purement
« humaines, au contraire, en
« diminuent et s'en appauvris
« sent. »

Cf. Job, XII, 12 : « *In anti-
« quis est sapientia, et in
« multo tempore prudentia.* »

sed laterum etiam et virium. Omnino canorum
illud in voce splendescit etiam nescio quo pacto
in senectute, quod equidem adhuc non amisi [1];
et videtis annos : sed tamen decorus est senis
sermo quietus et remissus, facitque persæpe ipsa
sibi audientiam diserti senis compta [2] et mitis
oratio. Quam si ipse exsequi nequeas, possis tamen Scipioni præcipere et Lælio. Quid est enim
jucundius senectute stipata studiis juventutis?
29. An ne eas quidem vires senectuti relinqui-
mus, ut adolescentes doceat, instituat, ad omne
officii munus instruat [3]? eo quidem opere quid
potest esse præclarius? Mihi vero Cn. et P. Scipiones [4] et avi tui duo, L. Æmilius et P. Africanus, comitatu nobilium juvenum fortunati videbantur, nec ulli bonarum artium magistri non

1. *Non amisi.* Caton avait une éloquence âpre et caustique très admirée du temps de Cicéron.

2. *Compta.* Soigné, paré. Des éditions portent *composita.* *Mitis* signifie calme, sans véhémence.

3. *Instruat.* « Dieu se sert des « vieillards, des anciens pour « en faire, parmi les généra- « tions nouvelles, les témoins « des miséricordes passées. » (Mme Swetchine, *op. cit.*)
« *Interroga patrem tuum et* « *annuntiabit, majores tuos et* « *dicent tibi.* » (*Deutéronome,* XXXII, 7.)

CORNELIVS·LVCIVS·SCIPIO·BARBATVS·GNAIVOD·PATRE
PROGNATVS·FORTIS·VIR·SAPIENS QVE —QVOIVS·FORMA·VIRTVTEI·PARISVMA
FVIT—CONSOL CENSOR·AIDILIS · QVEI·FVIT·APVD·VOS—TAVRASIA·CISAVNA
SAMNIO·CEPIT—SVBIGIT·OMNE · LOVCANA · OPSIDESQVE ·ABDOVCIT

4. *Cn. et P. Scipiones.* Cnéus Cornélius Scipio Calvus, oncle du 1ᵉʳ Africain, consul avec Marcellus en 222, vainqueur d'Hannon; il prit Tar-ragone et retint Hasdrubal en Espagne. De 215 à 214, il remporta quatre victoires avec son frère; mais, en 211, Magon et Hasdrubal Barca l'écrasèrent

beati putandi, quamvis consenuerint vires atque
defecerint. Etsi ista ipsa defectio virium adolescentiæ vitiis efficitur sæpius quam senectutis.
Libidinosa enim et intemperans adolescentia ef-
fetum corpus tradit senectuti [1]. 30. Cyrus [2] qui-

près d'Anitorgis. Il périt dans un combat.

Publius Cornélius Scipio, père du 1er Africain, consul en 218, avec Sempronius Longus; vaincu sur le Tessin, où il reçut une blessure, et sur la Trébie (211).

L. Paulus Æmilius, père du second Africain, Scipio Æmilianus, adopté par Publius Cornélius Scipio Africanus.

La gravure ci-dessus représente le tombeau des Scipions, près de Tarragone (Delaborde, *Voyage en Espagne*), et l'inscription reproduite à la page précédente est celle qui accompagne le tombeau d'un des premiers Scipions, consul en 259.

C'est un précieux monument de la vieille langue latine.

1. *Tradit senectuti.* « Les « passions des jeunes gens sont « des vices dans la vieillesse. » (Joubert.)

Voir aussi Théognis, Sentences XCIX et CII, et Démophile : « Il en est des jeunes « gens comme des plantes : on « connaît à leurs premiers fruits « ce qu'on doit en attendre pour « l'avenir. » (Sentence XXX.)

« *Sicut dies juventutis tuæ,* « *ita et senectus tua.* » (*Deut.,* XXXIII, 25.)

« *Adolescens juxta viam* « *suam etiam cum senuerit,* « *non recedet ab ea.* » (*Proverbes,* XXII, 6.)

« L'adolescent qui a épuisé « son corps par les voluptés ne « doit pas se flatter d'avoir une « saine vieillesse. *Quæ in juventute tua non congregasti,* « *quomodo in senectute tua invenies?* » (*Sapient.,* XXV, 5.)

2. *Cyrus,* fils de Cambyse et de Mandane; son histoire est entourée de fables. Fondateur de l'empire médo-perse, vers 559 av. J. C. Sa victoire sur Crésus, à Thymbrée (548), lui livra l'Asie Mineure. Dix ans plus tard, il surprenait Balthazar dans Babylone. En 536, il permit aux Juifs de revenir à Jérusalem et d'y rebâtir le temple. Son vaste empire comprenait 120 satrapies. Il mourut vers 529.

dem apud Xenophontem [1] eo sermone, quem moriens habuit, quum admodum senex esset, negat se umquam sensisse senectutem suam imbecilliorem factam quam adolescentia fuisset. Ego L. Metellum [2] memini puer, qui quum quadriennio post alterum consulatum pontifex maximus factus esset, viginti et duos annos ei sacerdotio præfuit, ita bonis esse viribus extremo tempore ætatis, ut adolescentiam non requireret. Nihil necesse est mihi de me ipso dicere, quamquam est id quidem senile ætatique nostræ conceditur.

X. — Exemples de Nestor, de Caton lui-même, de Masinissa.

X. 31. Videtisne ut apud Homerum sæpissime Nestor [3] de virtutibus suis prædicet? Tertiam enim jam ætatem hominum vivebat, nec erat ei verendum ne vera prædicans de se nimis videretur aut insolens aut loquax. Etenim, ut ait Homerus, « ex ejus lingua melle dulcior fluebat

---

1. *Xenophontem.* Historien, philosophe, général (445-355), né à Athènes, mort à Corinthe. Il commanda la célèbre retraite des Dix mille après la journée de Cunaxa (401). Vers 395, il s'allia aux Spartiates contre sa patrie. Il vécut longtemps à Scillonte, en Elide. Ses principaux ouvrages sont : *les Helléniques, l'Anabase, la Cyropédie* et *les Mémorables,* qu'on devrait appeler *Mémoires sur Socrate.* La douceur de son style l'a fait surnommer l'*Abeille attique.*

2. *Metellum.* L. Cæcilius Métellus, consul en 251 avec C. Furius Pacillus; il vainquit Hasdrubal à Panorme. Il fut encore consul en 247, avec M. Fabius Buteo.

3. *Nestor.* Nestor, roi de Pylos, se fit remarquer, au siège de Troie, par sa sagesse autant que par son éloquence, et mourut dans un âge très avancé.

oratio [1], » quam ad suavitatem nullis egebat corporis viribus. Et tamen dux ille Græciæ nusquam optat ut Ajacis [2] similes habeat decem, at ut Nestoris [3], quod si sibi acciderit, non dubitat quin brevi sit Troia [4] peritura. 32. Sed redeo ad me. Quartum ago annum et octogesimum; vellem equidem idem posse gloriari quod Cyrus, sed tamen hoc queo dicere, non me quidem iis esse viribus, quibus aut miles bello Punico aut quæstor eodem bello aut consul in Hispania fuerim aut quadriennio post, quum tribunus militaris depugnavi apud Thermopylas M'. Glabrione consule, sed tamen, ut vos videtis, non plane me enervavit nec adflixit senectus, non curia vires meas desiderat, non Rostra [5], non amici, non

1. *Fluebat.* « Τοῦ καὶ ἀπὸ γλώσσης μέλιτος γλυκίων ῥέεν αὐδή. » (Homère, *Iliade*, I, 249.)

2. *Ajacis.* Fils de Télamon,

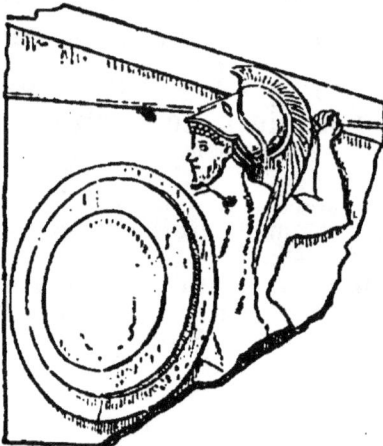

roi de Salamine, le plus vaillant des Grecs après Achille. Furieux des refus qu'il essuya en disputant les armes d'Achille à Ulysse, il perdit la raison, et, honteux de sa folie, il se perça de l'épée qu'Hector lui avait donnée. Cette mort fait le sujet d'une tragédie de Sophocle. — Bas-relief reproduisant Ajax, d'après Theil, *Dict.*, p. 38.

3. *Ut Nestoris.* « Αἲ γὰρ... τοιοῦτοι δέκα μοι συμφράδμονες εἶεν... »(Hom., *Iliade*, II, 371.)

4. *Troja.* Troie, sise au pied de l'Ida, capitale de la Troade, célèbre par le siège de dix ans qu'elle soutint contre les Grecs. Elle fut prise en 1270 ou 1183 av. J. C.

5. *Rostra.* Les Rostres, nom donné à la tribune aux harangues, située au milieu du Forum, parce qu'elle était ornée des éperons des navires pris aux Volsques d'Antium dans

clientes [1], non hospites. Nec enim umquam sum
adsensus veteri illi laudatoque proverbio, quod

une victoire navale remportée
par le consul Mænius Népos,
en 338 av. J. C. (Tite-Live,
VIII, 14.) C'était une construc-
tion de forme circulaire, sur-
montée d'une plate-forme entourée d'un parapet et protégée
par une sorte de dais en pierre;

le tout supporté par des arcades
dont les piliers étaient ornés
des susdits éperons. De chaque
côté devait se trouver un esca-
lier. L'ensemble ressemblait aux
ambons ou chaires que l'on voit
encore à Rome dans plusieurs
églises anciennes. (Rich, *Dict.
des antiq. romaines et grecques*, p. 539.) — Rostres, d'a-
près une médaille de la famille
Lollia. (Rich, p. 539.)

1. *Clientes*. La clientèle est
plus ancienne que Romulus;
elle a existé partout, en Grèce
comme en Italie. C'est une ins-
titution du droit domestique
existant dans les familles avant
qu'il y eût des cités. Le client
fut d'abord un serviteur, un
affranchi ayant part au culte,
à la religion de la famille dont
il prenait le nom. Le patron
devait le protéger par la prière,
la lance et la loi. Si le patron
fait tort au client, qu'il soit mau-
dit, déclare la loi des XII Tables, et dans l'*Enéide*, VI, 609,
on voit dans l'enfer les patrons
frauduleux : « *Aut fraus in-
nexa clienti.* » On ne pouvait
témoigner en justice contre un
client; les devoirs envers lui
étaient au-dessus des devoirs
envers les *cognati* (parents par
les femmes), car ces derniers
n'avaient pas de part au culte
domestique.

La clientèle était un lien sacré, formé par la religion et
que rien ne pouvait rompre.
Elle était héréditaire; le fils
d'un client, si haut qu'il remonte dans sa généalogie, n'ar-
rive jamais qu'à un client, de
là un état d'infériorité. Jamais
le client ne peut devenir pro-
priétaire. La terre qu'il cultive,
il ne l'a qu'en dépôt; son argent est au patron, qui peut le
lui reprendre. Le client assiste
aux cérémonies du culte, mais
il ne peut les accomplir. Dans
les votes, il doit suivre l'avis
du patron. Il paraît devant le
tribunal, à l'assemblée, mais à
la suite du patron; il ne peut
se marier sans l'autorisation
de ce dernier. Le patron est
donc un maître, il est aussi un
juge et peut condamner à mort
son client sans appel. Peu à
peu la condition des clients
s'améliora. Le client cultiva
pour lui-même, sous la condition d'une redevance. A mesure
qu'il devient plus libre, l'affranchi prend sa place. Bientôt le

monet « mature fieri senem, si diu velis senex
esse. » Ego vero me minus diu senem esse
mallem quam esse senem antequam essem [1].
Itaque nemo adhuc convenire me voluit cui
fuerim occupatus. 33. At minus habeo virium
quam vestrum utervis? Ne vos quidem T. Pontii
centurionis vires habetis : num idcirco est ille
præstantior? Moderatio [2] modo virium adsit
et tantum quantum potest quisque nitatur, næ
ille [3] non magno desiderio tenebitur virium.
Olympiæ [4] per stadium ingressus esse Milo di-

client peut transmettre son pé-
cule à son fils; à défaut de fils,
tout revient au patron; bientôt
le client peut tester. Enfin la
clientèle primitive fit place à
une clientèle nouvelle, lien
volontaire, presque fictif. Les
clients sont fondus dans la
plèbe; ils vont encore le matin
rendre hommage aux patrons.
Ces villes, des provinces, des
rois se firent les clients de Romains illustres. (Voir Fustel
de Coulanges, *la Cité antique*,
passim.)

1. *Senem antequam essem.*
« J'àime mieux estre moins
« longtemps vieil que d'estre
« vieil avant que de l'estre. »
(Montaigne, livre III, ch. v.)

2. *Moderatio.* Un usage mo-
déré.

3. *Næ ille* équivaut à *et quisque.*

4. *Olympiæ.* Olympie, en
Elide, sur l'Alphée, près de
Pise. Là se tenaient les jeux
Olympiques en l'honneur de
Zeus Olympien. Il y avait un
bois sacré, un stade, des sta-
tues, entre autres celle de Jupi-

ter, par Phidias, dans un temple superbe. Les jeux étaient
des fêtes nationales, instituées
par Hercule et définitivement
constituées en 776 av. J. C. On
les célébrait de quatre ans en

(1)

quatre ans, au commencement
du solstice d'été et pendant
cinq jours. Les vainqueurs recevaient une couronne d'olivier
et étaient conduits en triomphe. Tous les Grecs y étaient

citur, quum humeris sustineret bovem vivum.
Utrum igitur has corporis an Pythagoræ tibi malis
vires ingenii dari? Denique isto bono utare, dum
adsit ; quum absit, ne requiras, nisi forte adolescentes pueritiam, paullum ætate progressi
adolescentiam debent requirere. Cursus est certus ætatis et una via naturæ eaque simplex : sua-
que cuique parti ætatis tempestivitas est data, ut
et infirmitas puerorum et ferocitas juvenum et
gravitas jam constantis ætatis et senectutis maturitas naturale quiddam habeat quod suo tempore percipi debeat. 34. Audire te arbitror, Scipio, hospes tuus avitus Masinissa ¹ quæ faciat
hodie nonaginta natus annos : quum ingressus
iter pedibus sit, in equum omnino non ascen-

admis. L'intervalle des quatre années s'appelait olympiade. On commença à se servir de

(2)

ces dates en 776, année où Cho-
rébus fut vainqueur. La dernière, la 293ᵉ, va jusqu'à l'an
392 après J. C. — (1) Tête de

Jupiter Olympien (Musée Pio-
Clémentino); (2) même tête de
Jupiter, d'après le moulage de
l'école des Beaux-Arts.

1. *Masinissa*, roi des Numides Massyliens, né en 238
av. J. C. Allié de Carthage contre Syphax, roi des Numides oc-
cidentaux ou Massesyliens (213),
et contre les Romains (212-206),
il abandonna cette alliance à
la mort de son père. Le ma-
riage de sa fiancée Sophonisbe,
fille d'Hasdrubal, avec Syphax,
détermina ce changement. Dé-
pouillé de ses Etats par Syphax,
il les recouvra grâce à l'appui
des Romains, dont il fut dès
lors l'allié fidèle. Il prit une
grande part à la victoire de
Zama (202), battit les Cartha-
ginois à Oroscope (150) et mourut en 149. Son fils Micipsa, oncle de Jugurtha, lui succéda.

dere, quum equo, ex equo non descendere, nullo imbre, nullo frigore adduci ut capite operto sit, summam esse in eo corporis siccitatem, itaque omnia exsequi regis officia et munera. Potest igitur exercitatio et temperantia etiam in senectute conservare aliquid pristini roboris.

XI. — La vieillesse a les forces suffisantes pour les travaux qui lui conviennent. L'exercice les entretient. Exemples d'Appius Claudius et de Caton.

XI. « Ne sint in senectute vires [1]. » Ne postulantur quidem vires a senectute. Ergo et legibus et institutis vacat ætas nostra muneribus iis, quæ non possunt sine viribus sustineri. Itaque non modo quod non possumus, sed ne quantum possumus quidem cogimur [2]. 35. « At multi ita sunt « imbecilli senes, ut nullum officii aut omnino « vitæ munus exsequi possint. » At id quidem non proprium senectutis vitium est, sed commune valetudinis. Quam fuit imbecillus P. Africani filius, is qui te adoptavit, quam tenui aut nulla potius valetudine! Quod ni ita fuisset, alterum illud exstitisset lumen civitatis : ad paternam enim magnitudinem animi doctrina uberior accesserat. Quid mirum igitur in senibus, si infirmi sunt aliquando, quum id ne adolescentes quidem effugere possint? Resistendum, Læli et

---

1. *Ne sint in senectute vires.* Admettons que les forces manquent au vieillard.

2. *Cogimur.* Le sens demande que l'on traduise comme s'il y avait *non cogimur.* Après *non modo*, quand la proposition suivante commence par *sed* et contient *ne quidem*, la négation ne se répète pas.

Scipio, senectuti est, ejusque vitia diligentia
compensanda sunt : pugnandum, tamquam contra morbum, sic contra senectutem. 36. Habenda
ratio valetudinis, utendum exercitationibus modicis, tantum [1] cibi et potionis adhibendum, ut
reficiantur vires, non opprimantur. Nec vero cor-
pori soli subveniendum est, sed menti atque
animo multo magis. Nam hæc quoque, nisi tamquam lumini oleum instilles, exstinguuntur senectute. Et corpora quidem exercitationum de-
fatigatione ingravescunt, animi autem exercendo
levantur. Nam quos ait Cæcilius

.....*comicos stultos senes,*

hos significat credulos, obliviosos, dissolutos,
quæ vitia sunt non senectutis, sed inertis, ignavæ,
somniculosæ senectutis. Ut petulantia, ut libido
magis est adolescentium quam senum, nec tamen omnium adolescentium, sed non proborum,
sic ista senilis stultitia, quæ deliratio appellari
solet, senum levium est, non omnium. 37. Quattuor robustos filios, quinque filias, tantam do-
mum, tantas clientelas [2] Appius regebat et cæcus
et senex : intentum enim animum, tamquam ar-
cum, habebat nec languescens succumbebat senectuti. Tenebat non modo auctoritatem, sed
etiam imperium in suos, metuebant servi, vere-
bantur liberi, carum omnes habebant : vigebat
in illa domo mos patrius et disciplina. 38. Ita

1. *Tantum,.. ut.* Ce qui suffit
pour...
2. *Clientelas.* On attribue

5,000 clients à Appius Claudius
quand il vint de chez les Sabins à Rome (504 av. J. C.).

enim senectus honesta est, si se ipsa defendit,
si jus suum retinet, si nemini mancipata est, si
usque ad ultimum spiritum dominatur in suos.
Ut enim adolescentem, in quo senile aliquid, sic
senem, in quo est aliquid adolescentis, probo :
quod qui sequitur corpore senex esse poterit,
animo numquam erit. Septimus mihi « Originum [1] » liber est in manibus, omnia antiquitatis
monumenta colligo, causarum illustrium, quas-
cumque defendi, nunc quum maxime conficio ora-
tiones, jus augurium, pontificium, civile tracto,
multum etiam Græcis litteris utor Pythagoreo-
rumque more exercendæ memoriæ gratia quid
quoque die dixerim, audierim, egerim, commemoro [2] vesperi. Hæ sunt exercitationes ingenii,

1. *Originum*. Caton com-
posa un ouvrage considérable,
en sept livres, intitulé *les Origines*. C'était une histoire de
Rome s'étendant de la fonda-
tion de cette ville à la deuxième
guerre punique, et l'histoire
des villes d'Italie. Il n'en
reste que des fragments.
Caton avait alors cet ou-
vrage « en main, » il y tra-
vaillait. — Stylet et tablettes,
d'après une peinture de Pompéi.

2. *Commemoro vesperi*. Caton en fait un simple exercice
de mémoire. Pythagore, dans
les Vers dorés qu'on lui attribue (n° XXIII), recommandait
cette pratique, cet examen de
conscience. Sénèque disait : « Il
« est bon que l'âme s'accoutume
« à rendre ses comptes et à
« paraître devant un juge. »
(*De Ira*, III, 36.) Horace a dit
aussi :

Omnem crede diem tibi diluxisse su-
premum.
(*Epist.* I, 4, v. 73.)

Le chrétien examine chaque
soir sa conscience pour deman-

hæc curricula mentis, in his desudans atque ela-
borans corporis vires non magno opere desidero.
Adsum [1] amicis, venio in senatum frequens ul-
troque adfero res multum et diu cogitatas easque
tueor animi, non corporis viribus. Quæ si exsequi nequirem, tamen me lectulus [2] meus oblec-
taret ea ipsa cogitantem, quæ jam agere non
possem, sed ut possim facit acta vita. Semper
enim in his studiis laboribusque viventi non
intelligitur quando obrepat senectus : ita sensim
sine sensu ætas senescit nec subito frangitur,
sed diuturnitate exstinguitur.

XII. — La vieillesse ne peut jouir des plaisirs. C'est un
bienfait et non une privation. Danger des plaisirs.

XII. 39. Sequitur tertia vituperatio [3] senectutis, quod eam carere dicunt voluptatibus [4]. O
præclarum munus ætatis, si quidem id aufert a
nobis, quod est in adolescentia vitiosissimum!

der à Dieu pardon de ses fautes
et pour étudier les moyens de
se corriger. « *Quæ dicitis in
cordibus vestris, in cubilibus
vestris compungimini.* » (Ps.
IV, 5.)

1. *Adsum amicis.* J'assiste
mes amis en justice, je plaide
pour eux.

2. *Lectulus.* Sorte de sofa
faisant partie du mobilier ha-
bituel d'un cabinet d'étude, et
sur lequel on s'étendait pour
lire ou pour écrire en appuyant
les tablettes sur un des genoux.

3. *Vituperatio.* Grief, reproche. — Montaigne dit (liv. III,
ch. v) : « Jusques aux moindres
occasions que je puis rencontrer, je les empoigne; » et, au
ch. II du livre III, il regrette
d'être privé des plaisirs de la
jeunesse.

Horace, *Epist.* III, 7 :

Dum licet, obducta solvatur fronte se-
nectus.

4. *Voluptatibus.* En général,
les anciens dépeignaient la
vieillesse triste, morose, privée

Accipite enim, optimi adolescentes, veterem ora-
tionem Archytæ ' Tarentini, magni in primis et
præclari viri, quæ mihi tradita est, quum essem
adolescens Tarenti cum Q. Maximo. « Nullam
capitaliorem pestem quam voluptatem corporis
hominibus » dicebat « a natura datam, cujus voluptatis avidæ libidines temere et effrenate ad
potiundum incitarentur. 40. Hinc patriæ prodi-
tiones, hinc rerum publicarum eversiones, hinc
cum hostibus clandestina colloquia nasci, nullum
denique scelus, nullum malum facinus esse ad
quod suscipiendum non libido voluptatis impel-
leret, stupra vero et adulteria et omne tale fla-
gitium nullis excitari aliis illecebris nisi voluptatis. Quumque homini sive natura sive quis deus
nihil mente præstabilius dedisset, huic divino
muneri ac dono nihil tam esse inimicum quam

---

de tous plaisirs. Dans sa lettre CVIII° à Lucilius, Sénèque fait remarquer que Virgile donne toujours à la vieillesse l'épithète de triste :

Optima quæque dies miseris mortali-
*   [bus ævi*
Prima fugit : subeunt morbi tristisque
*   [senectus*
Et labor, et duræ rapit inclementia
*   [mortis.*
            (Géorgiques, III, 66.)

Et ailleurs :

Luctus et ultrices posuere cubilia curæ
Pallentesque habitant morbi, tristisque
*   [senectus.*
            (Énéide, VI, 274, 275.)

Sénèque remarque encore que Virgile place toujours ensemble les maladies et la vieillesse, car, dit-il, « la vieillesse n'est
« qu'une maladie incurable. »

Horace est encore plus ex-
pressif :

Multa senem circumveniunt incom-
*   [moda, vel quod*
Quærit, et inventis miser abstinet ac
*   [timet uti;*
Vel quod res omnes timide gelideque
*   [ministrat,*
Dilator, spe longus, iners, avidusque
*   [futuri*
Difficilis, querulus, laudator temporis
*   [acti,*
Se puero, castigator censorque mino-
*   [rum.*
            (Ars poët., 160.)

Le christianisme, tout en te-
nant compte de ces infirmités,
juge le vieillard d'une façon
bien plus élevée. (Voir nos ci-
tations de Mᵐᵉ Swetchine.)

1. *Archytæ*. Archytas de Tarente, philosophe pythagori-
cien, né vers 440 av. J. C., mort
dans un naufrage sur la côte

voluptatem [1]. 41. Nec enim libidine dominante temperantiæ locum esse neque omnino in voluptatis regno virtutem posse consistere. Quod quo magis intelligi posset, fingere animo jubebat tanta incitatum aliquem voluptate corporis quanta percipi posset maxima. Nemini censebat fore dubium quin tamdiu, dum ita gauderet, nihil agitare mente, nihil ratione, nihil cogitatione consequi posset. Quocirca nihil esse tam detestabile tamque pestiferum quam voluptatem, si quidem ea, uum major esset atque longinquior, omne animi lumen exstingueret. » Hæc cum C. Pontio Samnite [2], patre ejus, a quo Caudino prœlio Sp. Postumius T. Veturius consules superati sunt, locutum Archytam Nearchus Tarentinus hospes noster, qui in amicitia populi Romani permanserat, se a majoribus natu accepisse dicebat, quum quidem ei sermoni interfuisset Plato Atheniensis, quem Tarentum venisse L. Camillo Appio Claudio consulibus reperio. 42. Quorsus hæc? ut intelligatis, si voluptatem aspernari ratione et sapientia non possemus, magnam ha-

---

d'Apulie, en 360; il fut six fois chargé de gouverner Tarente. Outre la philosophie, il cultivait les sciences. On lui attribue la première application de la géométrie à la mécanique, l'invention de la poulie, de la vis... Il fut l'ami de Platon.

1. *Voluptatem.* Ce passage remarquable fait naturellement penser à la phrase de saint Jean, nous dénonçant comme notre grand ennemi la triple concupiscence : « *Quoniam omne* « *quod est in mundo, concu-* « *piscentia carnis est, et con* « *cupiscentia oculorum et su-* « *perbia vitæ.* » (*Epist.* I, ch. II, 16.)

2. *Pontio Samnite.* Pontius Hérennius, père de Pontius Télésinus, qui fit passer sous le joug, aux fourches Caudines, l'armée des consuls T. Véturius et Sp. Posthumius, en 321, et qui vainquit, en 292, Fabius Gurges. Pris par les Romains, Télésinus fut décapité (291).

bendam senectuti gratiam, quæ efficeret ut id
non liberet, quod non oporteret. Impedit [1] enim
consilium voluptas, rationi inimica est, mentis,
ut ita dicam, præstringit oculos, nec habet ullum
cum virtute commercium. Invitus feci ut fortis-
simi viri T. Flaminini [2] fratrem L. Flamininum [3]
e senatu ejicerem septem annis postquam consul fuisset, sed notandam putavi libidinem. Ille
enim, quum esset consul in Gallia, exoratus in
convivio a scorto est, ut securi feriret aliquem
eorum, qui in vinculis essent damnati rei capi-
talis. Hic Tito fratre suo censore, qui proximus
ante me fuerat, elapsus est, mihi vero et Flacco
neutiquam probari potuit tam flagitiosa et tam
perdita libido, quæ cum probro privato conjun-
geret imperii [4] dedecus.

XIII. — Mépriser le plaisir, c'est en quoi consiste la
sagesse. La vieillesse a ses jouissances.

XIII. 43. Sæpe audivi a majoribus natu, qui
se porro pueros a senibus audisse dicebant, mirari solitum C. Fabricium, quod, quum apud re-

1. *Impedit.* Cette idée est
fort vraie, rien n'obscurcit l'in-
telligence comme la volupté.
2. *T. Flaminini.* Titus Quinctius Flamininus. Voir chap. I.
3. *L. Flamininum.* Lucius
Quinctius Flamininus (240-170),
frère du précédent, commandait la flotte pendant la guerre
de Macédoine. En 192, consul
avec Cn. Domitius Ahénobarbus,
il combattit les Ligures.

4. *Imperii.* L'imperium ne
désignait pas exclusivement le
commandement militaire, il
désignait encore l'autorité civile et politique; aussi, pour
les rois il y avait eu une double
élection : la première les faisait chefs religieux, la seconde
leur conférait la puissance politique, l'imperium. Ici l'imperium a surtout le sens d'autorité militaire.

gem Pyrrhum legatus esset, audisset a Thessalo
Cinea [1] esse quemdam Athenis, qui se sapientem profiteretur, eumque dicere omnia, quæ fa-
ceremus, ad voluptatem esse referenda. Quod ex
eo audientes M'. Curium et Tib. Coruncanium
optare solitos ut id Samnitibus [2] ipsique Pyrrho
persuaderetur, quo facilius vinci possent, quum
se voluptatibus dedissent. Vixerat M. Curius cum
P. Decio [3], qui quinquennio ante eum consulem
se pro re publica quarto consulatu devoverat :
norat eumdem Fabricius, norat Coruncanius :
qui quum ex sua vita tum ex ejus, quem dico,
Decii facto judicabant esse profecto aliquid natura pulcrum atque præclarum quod sua sponte
peteretur quodque spreta et contempta voluptate

1. *Cinea*. Cinéas, ambassadeur et ministre de Pyrrhus.

2. Pays de rochers, de montagnes et de forêts, le Samnium
s'étendait de l'Adriatique jusqu'à la Campanie et au Latium.
Les villes les plus connues de
cette partie de l'Italie sont Sul-
mone, patrie d'Ovide, et Bénévent. Il fallut aux Romains plus
d'un demi-siècle de guerres pour
achever la soumission de ces
rudes populations. — Guerrier
samnite, d'après un vase de la
collection Campana, au Louvre.

3. *Decio*. Publius Décius
Mus. Sa valeur sauva l'armée
du consul Aulus Cornélius Cos-
sus, cernée par les Samnites
(343) ; il se dévoua à Veseris
(340) pour assurer, par sa mort,
la victoire à son collègue le
consul Manlius Torquatus.

Son fils imita ce dévouement
et se fit tuer à Sentinum (295),
où son collègue Q. Fabius Rul-
lianus fut victorieux.

optimus quisque sequeretur. 44. Quorsum igitur
tam multa de voluptate? Quia non modo vituperatio nulla, sed etiam summa laus senectutis est,
quod ea voluptates nullas magno opere desiderat [1]. Caret epulis exstructisque mensis et fre-
quentibus poculis. Caret ergo etiam vinolentia
et cruditate et insomniis. Sed si aliquid dandum
est voluptati, quoniam ejus blanditiis non facile
obsistimus — divine enim Plato « escam [2] malorum » appellat « voluptatem, quod ea videlicet
homines capiantur ut pisces », — quamquam
immoderatis epulis caret senectus, modicis tamen conviviis delectari potest. C. Duilium [3]
Marci filium qui Pœnos classe primus device-
rat, redeuntem a cœna senem sæpe videbam
puer, delectabatur crebro funali et tibicine [4],
quæ sibi nullo exemplo privatus sumpserat : tan-

---

1. *Opere desiderat.* « En cela,
« dit Montaigne, je ne vois rien
« de conscience; le chagrin et
« la faiblesse impriment une
« vertu lâche et catarrheuse. »
« *Senectus multa secum bona
« affert, quia nos a potentissi-
« mis dominis liberat; volup-
« tatibus imponit modum, li-
« bidinis frangit impetus, au-
« get sapientiam, dat matu-
« riora consilia.* » (St Isidore,
lib. I *Hexam.*, ch. VII.)

« Non seulement le courage
« de la mort est sans gloire
« pour le vieillard, qui semble
« plus abandonner la vie qu'il
« ne la quitte, mais les vertus
« en lui semblent si fort le fruit
« nécessaire de l'expérience, de
« la satiété, qu'on trouve qu'il

« les exerce sans mérite. Elles
« ont bien néanmoins leurs dif-
« ficultés spéciales et souvent
« inextricables. Le mérite qu'au-
« cune approbation humaine
« n'encourage, Dieu le voit : le
« regard providentiel s'attache
« sur le vieillard comme sur l'a-
« dolescent. » (Mme Swe   ne.)

2. *Escam.* L'amorce, l'ap   it.

3. *C. Duillium.* C. Duillius
Népos, consul avec Corn. Scipio
Asina, en 260 av. J. C. Il vainquit à Myles la flotte carthaginoise, à l'aide de crampons de
fer (corbeaux) qui facilitèrent
l'abordage. En mémoire de ce
triomphe, une colonne rostrale
fut érigée.

4. *Tibicine.* En récompense
de sa victoire, Duillius obtint

tum licentiæ dabat gloria. 45. Sed quid ego alios? ad me ipsum jam revertar. Primum habui semper sodales. Sodalitates [1] autem me quæstore [2] constitutæ sunt, sacris Idæis Magnæ Matris [3] acceptis. Epulabar igitur cum sodalibus omnino modice, sed erat quidem fervor ætatis, qua progrediente omnia fiunt in dies mitiora. Neque enim ipsorum conviviorum delectationem voluptatibus corporis magis quam cœtu amicorum et sermonibus metiebar. Bene enim majores « accubitionem epularem amicorum », quia vitæ conjunctio-

l'honneur d'être, chaque soir, précédé d'un porteur de flambeaux et de joueurs de flûte. Ces joueurs formaient à Rome une corporation très estimée. On les employait dans les fêtes, les solennités religieuses, les funérailles. Il y avait aussi des joueuses de flûte (*tibicinæ*), qui se louaient pour les dîners et les réunions de plaisir. — Joueurs de flûte reproduits d'a-

près des peintures de Pompéi et d'Herculanum.

1. *Sodalitates.* Associations dont les membres se réunissaient pour célébrer des anniversaires. Les inscriptions nous en font connaître un grand nombre.

2. *Quæstore.* Nous avons donné des renseignements sur cette charge (page 21).

3. *Magnæ Matris.* D'après un oracle sibyllin, si la déesse de l'Ida (Troade) était amenée de Pessinonte à Rome, l'Italie serait affranchie de tous ses ennemis. Rome envoya une dé-

nem haberet, « convivium [1] nominarunt, melius
quam Græci, qui hoc idem tum « compotatio-
nem », tum « concœnationem » vocant, ut, quod
in eo genere minimum est, id maxime probare
videantur.

XIV. — La vieillesse trouve du plaisir dans les festins
où l'on s'entretient entre amis. Elle se réserve surtout
les joies que procure l'étude des sciences et des lettres.

XIV. 46. Ego vero propter sermonis delectationem tempestivis quoque conviviis delector nec
cum æqualibus solum, qui pauci admodum res-
tant, sed cum vestra etiam ætate atque vobiscum,
habeoque senectuti magnam gratiam, quæ mihi
sermonis aviditatem auxit, potionis et cibi sus-
tulit. Quod si quem etiam ista delectant, ne omnino bellum indixisse videar voluptati, cujus est
fortasse quidam naturalis modus, non intelligo

putation à Pergame pour en rapporter la pierre sacrée ap-

pelée Magna Mater par les Phrygiens. Elle fut placée dans le temple de la Victoire; en l'honneur de cet événement furent institués les jeux Mégalésiens. L'Ida est une petite chaîne de montagnes en Mysie, où on adorait Cybèle, « Magna Mater », représentée d'abord par une grosse pierre conique, puis comme une déesse traînée par des lions. — Cybèle, d'après une médaille d'Auguste. (Cabinet de France.)

1. *Convivium.* « Nous appe-
« lons, dit ailleurs Cicéron, nos
« festins *convivia*, parce que
« c'est alors qu'on vit ensem-
« ble. » *Compotatio*, réunion
pour boire ensemble, συμπόσιον.

ne in istis quidem ipsis voluptatibus carere sensu senectutem. Me vero et magisteria [1] delectant a majoribus instituta et is sermo, qui more majorum a summo [2] adhibetur in poculo, et pocula, sicut in symposio [3] Xenophontis est, minuta atque rorantia [4], et refrigeratio æstate et vicissim

Concœnatio, réunion pour manger ensemble. *Accubitio epularis amicorum*, réunion d'amis

à table. L'expression latine est plus noble que celle des Grecs. — Romains à table (Rich, p. 6.)

1. *Magisteria*. Le *magister* présidait le festin, il était « *rex convivii, arbiter bibendi* »; chez les Grecs συμποσίαρχος, θαλίαρχος. Le sort des dés le désignait; il réglait la marche du repas, décidait dans quelles proportions on devait mêler l'eau et le vin, ce que chacun devait boire, infligeait des amendes aux violateurs de ses règles; toutes ses paroles étaient des ordres.

2. *A summo*. La posture adoptée pour les repas chez les anciens tenait le milieu entre se coucher entièrement et être assis. La partie inférieure du corps était étendue et la partie supérieure un peu élevée, supportée par le coude gauche appuyé sur un oreiller; le bras droit était donc libre. Les femmes étaient assises, plus tard elles s'étendirent aussi comme les hommes. Sur le même lit, *lectus triclinarius*, trois hommes pouvaient s'étendre; quand la compagnie était de plus de trois personnes, on disposait

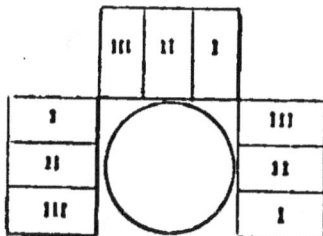

trois de ces lits autour de la table, de façon que le tout formât trois têtes d'un carré, le quatrième manquant pour permettre aux esclaves de faire leur service. Il y avait donc le *lectus summus*, le haut bout de la table; le *medius*, place d'honneur, et l'*imus*. La gravure ci-dessus donnera une idée de cette disposition.

3. *Symposio*, « le Banquet », opuscule philosophique de Xénophon.

4. *Rorantia*. Où l'on verse goutte à goutte, comme une rosée.

aut sol aut ignis hibernus. Quæ quidem etiam in
Sabinis [1] persequi soleo conviviumque vicino-
rum quotidie compleo, quod ad multam noctem
quam maxime possumus vario sermone produ-
cimus. 47. « At [2] non est voluptatum tanta quasi
titillatio in senibus. » Credo, sed ne desideratio
quidem. Nihil autem est molestum quod non de-
sideres. Bene Sophocles [3], quum ex eo quidam
jam adfecto ætate quæreret utereturne rebus ve-
nereis : « Dî meliora [4]! » inquit : « libenter vero
istinc sicut a domino agresti ac furioso profugi. »
Cupidis [5] enim rerum talium odiosum fortasse
et molestum est carere, satiatis vero et expletis
jucundius est carere quam frui. Quamquam non
caret is, qui non desiderat : ergo hoc non de-
siderare dico esse jucundius. 48. Quod si istis
ipsis voluptatibus bona ætas fruitur libentius,
primum parvulis fruitur rebus, ut diximus, deinde
iis, quibus senectus si non abunde potitur, non
omnino caret. Ut Turpione Ambivio [6] magis delectatur qui in prima cavea [7] spectat, delectatur
tamen etiam qui in ultima, sic adolescentia voluptates propter intuens magis fortasse lætatur,
sed delectatur etiam senectus procul eas spec-

1. *Sabinis.* Caton avait une
grande propriété dans la Sabine.

2. *At.* C'est une objection
que va réfuter Cicéron.

3. *Sophocles.* Voyez p. 35.

4. *Dî meliora.* Sous-entendu
dent. Cf. Virg., *Géorgiques*, III,
513 :

Dî meliora piis erroremque hostibus
illum.

5. *Cupidis.* Remarque juste,
mais d'une médiocre moralité.

6. *Turpione Ambivio.* L. Am-
bivius Turpio, célèbre acteur
de l'époque.

7. *Cavea.* Partie de l'intérieur
d'un théâtre qui contenait les
sièges des spectateurs, et était
formée de plusieurs rangées
concentriques de gradins. Ces

tans tantum quantum sat est. 49. At illa [1] quanti sunt, animum tamquam emeritis stipendiis libidinis, ambitionis, contentionis, inimicitiarum, cupiditatum omnium secum esse secumque, ut dicitur, vivere ! Si vero habet aliquod tamquam pabulum studii atque doctrinæ, nihil est otiosa [2] senectute jucundius. Videbamus in studio dimetiendi pæne cœli atque terræ C. Gallum [3] familiarem patris tui, Scipio. Quotiens illum lux noctu aliquid describere [4] ingressum, quotiens

rangées pouvaient être partagées en deux ou trois étages. Il y avait la rangée inférieure, centrale et inférieure (*ima, media, summa cavea*). A celle d'en bas, place d'honneur, siégeaient les *Équites*. — Vue de l'intérieur ou *cavea* de l'amphithéâtre de Pompéi, tel qu'il subsiste encore maintenant.

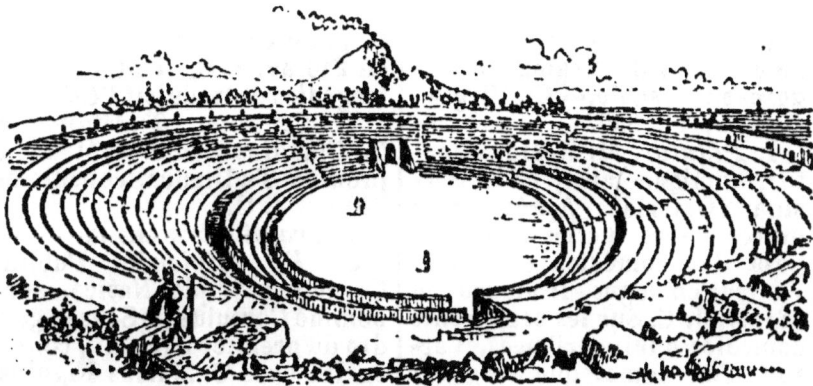

1. *Illa.* Ces avantages.
2. *Otiosa.* Qui a des loisirs. C'est sans doute à une vieillesse aiusi paisible et honorée que songeait Sénèque quand il écrivait (*Lettre XII*) : « Complectamur illam et amemus : plena est voluptatis, si illa scias uti. »
3. *Gallum.* Caius Sulpicius Gallus, préteur en 169 av. J. C. Il servit sous Paul-Émile, en Macédoine (168), et rassura les soldats en leur annonçant d'avance une éclipse de lune avant la bataille de Pydna. Consul en 166 avec M. Claudius Marcellus, il battit les Ligures et obtint le triomphe. Jurisconsulte distingué, il fut encore plus renommé comme astronome.
4. *Describere.* Pour tracer des figures, les géomètres et les astronomes anciens usaient du

nox oppressit, quum mane cœpisset! Quam delectabat eum defectiones solis et lunæ multo ante nobis prædicere! 50. Quid in levioribus studiis, sed tamen acutis? Quam gaudebat bello suo Punico Nævius! quam Truculento Plautus [1], quam Pseudolo! Vidi etiam senem Livium [2], qui quum sex annis ante quam ego natus sum fabulam docuisset Centone Tuditanoque [3] consulibus, usque ad adolescentiam meam processit ætate. Quid de P. Licinii Crassi [5] et pontificii et civilis juris studio loquar aut de hujus P. Scipionis [6], qui his paucis diebus pontifex maximus factus est? Atqui eos omnes, quos commemoravi, his studiis flagrantes senes vidimus. M. vero Cethegum [6], quem recte « suadæ medullam [7] » dixit Ennius, quanto

---

radius, baguette pointue avec laquelle ils décrivaient des figures sur le sable. — Cf. Virgile, *Énéide*, VI, 850.

1. *Plautus*. M. Accius Plautus, comique latin, né à Sarsina (Ombrie). Après avoir exercé divers métiers, il composa des comédies et devint l'auteur en vogue. Il mourut en 184 av. J. C. Sur les cent trente comédies à lui attribuées, Varron n'en admet que vingt et une comme authentiques. Le *Rustre* et le *Menteur* (*Truculentus* et *Pseudolus*) sont deux de ses comédies.

Dicitur.. . . . . .
Plautus ad exemplar Siculi properasse
                    (Epicharmi.
                    (Horace)

2. *Livium*. Marcus Livius Andronicus, de Tarente, d'abord esclave, puis affranchi par Livius Salinator. Il fit jouer

la première comédie à Rome, en 240 av. J. C. Il fit aussi des tragédies et traduisit l'*Odyssée*.

3. *Centone, Tuditanoque*. C. Claudius Cento et M. Sempronius Tuditanus, consuls en 240 av. J. C.

4. *Crassi*. Voir ch. ix.

5. *P. Scipionis*. Publius Cornélius Scipio Nasica, surnommé Corculus (le Sensé), gendre du premier Africain, consul en 162 avec C. Marius Figulus, censeur en 157, de nouveau consul en 155, avec M. Claudius Marcellus; vainqueur des Dalmates, il refusa le triomphe.

6. *Cethegus*. Marcus Cornélius Céthégus, grand pontife en 213, préteur (211), censeur (209), consul (204) avec P. Sempronius Tuditanus; il vainquit Magon dans la Gaule cisalpine. Ce fut un grand orateur.

7. *Suadæ medullam*. Moelle

studio exerceri in dicendo videbamus etiam senem! Quæ sunt igitur epularum aut ludorum
aut scortorum voluptates cum his voluptatibus
comparandæ? Atque hæc quidem studia doctrinæ, quæ quidem prudentibus et bene institutis pariter cum ætate crescunt, ut honestum illud
Solonis [1] sit, quod ait versiculo quodam, ut
ante dixi, « senescere se multa in dies addiscentem », qua voluptate animi nulla certe potest
esse major.

XV. — Le vieillard peut jouir des plaisirs de l'agriculture, dont les travaux lui fournissent des distractions
agréables.

XV. 51. Venio nunc ad voluptates agricolarum, quibus ego incredibiliter delector, quæ nec
ulla impediuntur senectute et mihi ad sapientis
vitam proxime videntur accedere. Habent enim
rationem cum terra, quæ numquam recusat imperium nec umquam sine usura reddit quod acce-
pit, sed alias minore, plerumque majore cum
tenore. Quamquam me quidem non fructus modo,
sed etiam ipsius terræ vis ac natura delectat.
Quæ quum gremio mollito ac subacto sparsum
semen excepit, primum id occæcatum [2] cohibet,
ex quo « occatio [3] » quæ hoc efficit nominata est,

de la persuasion. *Suada*, mot
forgé par Ennius.

1. *Solonis.* Voir ch. VIII.

2. *Occæcatum.* Couvert de
terre.

3. *Occatio.* Hersage. On l'exé-
cutait en traînant sur la terre
une claie (*crates*) ou une pièce
de bois garnie de dents, comme
notre herse. *Occatio* vient de
occa, herse, d'où aussi *occare*,
herser, et non de *occæcare*.

deinde tepefactum vapore et compressu suo dif-
findit et elicit herbescentem ex eo viriditatem,
quæ nixa fibris stirpium sensim adolescit culmo-
que erecta geniculato vaginis jam quasi pubes-
cens includitur, e quibus quum emersit, fundit
frugem spici ordine structam et contra avium mi-
norum•morsus munitur vallo aristarum. 52. Quid
ego vitium ortus, satus, incrementa commemo-
rem? Satiari delectatione non possum [1], ut meæ
senectutis requietem oblectamentumque nosca-
tis. Omitto enim vim ipsam omnium, quæ gene-
rantur e terra, quæ ex fici tantulo grano aut ex
acini vinaceo aut ex cæterarum frugum ac stirpium
minutissimis seminibus tantos truncos ramosque
procreet : malleoli, plantæ, sarmenta, viviradi-
ces, propagines nonne ea efficiunt, ut quemvis
cum admiratione delectent? Vitis quidem, quæ
natura caduca est et, nisi fulta est, ad terram
fertur, eadem, ut se erigat, claviculis suis quasi
manibus quidquid est nacta complectitur, quam
serpentem multiplici lapsu et erratico ferro am-
putans coercet ars agricolarum, ne silvescat sar-
mentis et in omnes partes nimia fundatur. 53. Itaque ineunte vere in iis, quæ relicta sunt, exsistit
tamquam ad articulos sarmentorum ea, quæ
gemma [2] dicitur, a qua oriens uva sese ostendit,
quæ et succo terræ et calore solis augescens primo
est peracerba gustatu, deinde maturata dulcescit
vestitaque pampinis nec modico tepore caret et

---

1. *O fortunatos nimium sua si*
*   bona nôrint*
Agricolas, quibus ipsa, procul discor-
*   dibus armis,*
Fundit humo facilem victum justis-
*   sima tellus.*
*   (Georg., II, 458.)*
2. *Gemma.* Le bourgeon, l'œil.

nimios solis defendit ardores. Qua quid potest esse quum fructu lætius tum aspectu pulcrius? Cujus quidem non utilitas me solum, ut ante dixi, sed etiam cultura et natura ipsa delectat, adminiculorum ordines, capitum jugatio, religatio et propagatio vitium sarmentorumque ea, quam dixi, aliorum amputatio, aliorum immissio. Quid ego irrigationes, quid fossiones agri repastinationesque proferam, quibus fit multo terra fecundior? 54. Quid de utilitate loquar stercorandi? Dixi in eo libro, quem « de rebus rusticis [1] » scripsi : de qua doctus Hesiodus [2] ne verbum quidem fecit, quum de cultura agri scriberet. At Homerus, qui multis, ut mihi videtur, ante sæculis fuit, Laertem [3] lenientem desiderium, quod capiebat e filio, colentem agrum et eum stercorantem facit. Nec vero segetibus solum et pratis et vineis et arbustis res rusticæ lætæ sunt, sed hortis etiam et pomariis, tum pecudum pastu, apium examinibus, florum omnium varietate. Nec consitiones modo delectant, sed etiam insitiones, quibus nihil invenit agri cultura sollertius.

1. *De rebus rusticis.* Caton fit un traité *de Re rusticâ*, qui nous est parvenu. Il traite successivement des diverses cultures, insistant surtout sur le travail des esclaves et les devoirs du régisseur. On n'y trouve ni la grâce de l'*Économique* de Xénophon, ni même la simplicité naïve et rude d'Hésiode, mais uniquement la dureté et la rigueur impitoyable du Romain âpre au gain.

2. *Hesiodus,* Hésiode, poète didactique et gnomique, né à Ascra, en Béotie, probablement postérieur à Homère. C'est de son poème *des Travaux et des jours,* en 826 vers, que parle Caton. Hésiode fit aussi la *Théogonie* ou *Généalogie des dieux.*

3. *Laertem.* Laerte, roi d'Ithaque, père d'Ulysse; il prit part à la chasse du sanglier de Calydon et à l'expédition des Argonautes.

XVI. — Ce genre de vie charma la vieillesse de Curius et
de Cincinnatus; il comporte l'aisance et l'abondance.

XVI. 55. Possum persequi permulta oblecta-
menta rerum rusticarum, sed ea ipsa, quæ dixi,
sentio fuisse longiora. Ignoscetis autem : nam
et studio rusticarum rerum provectus sum et senectus est natura loquacior, ne ab omnibus eam
vitiis videar vindicare. Ergo in hac vita M'. Curius [1], quum de Samnitibus, de Sabinis, de Pyrrho triumphasset, consumpsit extremum tempus
ætatis. Cujus quidem ego villam contemplans —
abest enim non longe a me — admirari satis
non possum vel hominis ipsius continentiam vel
temporum disciplinam. Curio ad focum sedenti
magnum auri pondus Samnites quum attulis-
sent, repudiati sunt. Non enim aurum habere
præclarum sibi videri dixit, sed iis, qui haberent
aurum, imperare. 56. Poteratne tantus animus
non efficere jucundam senectutem? Sed venio
ad agricolas, ne a me ipso recedam. In agris
erant tum senatores, id est, senes, si quidem
aranti L. Quinctio Cincinnato [2] nuntiatum est
eum dictatorem esse factum : cujus dictatoris

.1 *Curius.* Marcus Curius Dentatus, dont il a déjà été question.

2. *Cincinnato.* Lucius Quinctius Cincinnatus, sénateur romain. Une amende énorme qu'il dut payer pour son fils Cæson, le réduisit à cultiver quelques arpents de terre qui lui restaient. Consul en 460 avec P. Valérius Publicola, il chassa du Capitole le Sabin Herdonius, puis revint à son champ. En 458, le consul Minutius fut cerné par les Èques; Cincinnatus, nommé dictateur, le délivra. En 438, à quatre-vingts ans, il fut encore nommé dictateur pour déjouer la tentative usurpatrice de Spurius Mœlius.

jussu magister equitum C. Servilius Ahala [1]
Sp. Mælium [2] regnum appetentem occupatum in-
teremit. A villa in senatum arcessebatur et Curius et cæteri senes, ex quo qui eos arcessebant
viatores [3] nominati sunt. Num igitur horum senectus miserabilis fuit, qui se agri cultione [4]
oblectabant? Mea quidem sententia haud scio an
ulla beatior possit esse, neque solum officio,
quod hominum generi universo cultura agro-
rum est salutaris, sed et delectatione, quam dixi,
et saturitate copiaque rerum omnium, quæ ad
victum hominum, ad cultum [5] etiam deorum per-
tinent, ut, quoniam hæc quidam desiderant, in
gratiam jam cum voluptate redeamus. Semper
enim boni assiduique domini referta cella vina-

1. *Servilius Ahala.* Caïus Servilius Ahala, maître de la cavalerie; il atteignit Mælius qui fuyait et le tua (438). Exilé en 434, puis rappelé, il fut consul en 427 avec L. Papirius,

2. *Sp. Mælium.* Spurius Mæ-lius, chevalier romain, accusé d'aspirer à la royauté pour avoir distribué du blé au peuple.

3. *Viatores.* Huissiers, offi-ciers publics chargés de convo-quer les sénateurs, le peuple aux comices, de citer devant le magistrat les individus sommés de comparaître.

4. *Agri cultione.* Expression employée par Cicéron seul et rarement. On écrit le plus sou-vent en un seul mot — Modèle de charrue antique, d'après une pierre gravée publiée par Caylus.

5. *Cultum.* Les offrandes pour le culte.

ria [1], olearia, etiam penaria est villaque tota locuples est, abundat porco, hædo, agno, gallina, lacte, caseo, melle. Jam hortum ipsi agricolæ succidiam [2] alteram appellant. Conditiora facit hæc supervacanei [3] etiam operis aucupium atque venatio. 57. Quid de pratorum viriditate aut arborum ordinibus aut vinearum olivorumque specie plura dicam? Brevi præcidam. Agro bene culto nihil potest esse nec usu uberius nec specie ornatius, ad quem fruendum non modo non retardat, verum etiam invitat atque adlectat senectus. Ubi enim potest illa ætas aut calescere vel apricatione melius vel igni aut vicissim umbris aquisve refrigerari salubrius? 58. Habeant igitur sibi arma, sibi equos, sibi hastas [4], sibi

---

1. *Cella vinaria.* Cellier romain, d'après un bas-relief. Rich (p. 134.)

2. *Succidiam.* Quartier de porc salé ; ce mot est pris ici dans le sens figuré de ressource, réserve.

3. *Supervacanei operis.* Occupations prises sur les moments de loisir.

4. *Hastas.* Lance employée comme pique pour percer et comme trait pour être jeté. Elle se composait de la tête (*cuspis*), en bronze ou en fer, du bois (*hastile*), en frêne, et

d'une pointe de métal au bout (*spiculum*), servant à la fixer verticalement dans le sol et pouvant servir d'arme offensive quand la *cuspis* était brisée. Tantôt on la lançait en la brandissant (*rotare, torquere*), « *in juvenem torsit jaculum* » (Ovide, *Métam.*, XII, 321), tantôt en la jetant perpendiculairement (*jactare, mittere*), tantôt en la balançant sur son centre de gravité, le dos tourné en bas de la main (*librare*) :

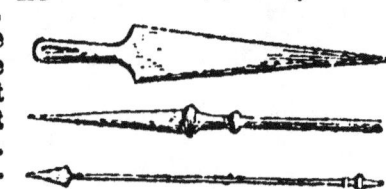

clavam [1] et pilam [2], sibi natationes atque cursus, nobis senibus ex lusionibus multis talos [3] relinquant et tesseras [4], id ipsum utrum lubebit, quoniam sine iis beata esse senectus potest.

Ecce aliud summa telum librabat ab
laure.
(Enéide, IX, 417.)
In Pallanta diu librans, jacit, atque
ita fatur.
(Enéide, X, 580.)

Pour aider à la lancer, on la munissait souvent d'une courroie (*amentum, hasta amentata*). Il s'agit ici de la *hasta præpilata*, lance à pointe mouchetée ou couverte d'un bouton, donnée aux recrues pour les exercices et les combats simulés. — Notre figure (p. 68) représente : 1° la tête d'une lance ; 2° la pointe du manche ; 3° la lance tout entière.

1. *Clavam.* Bâton pesant donné aux recrues au lieu d'épée pour les exercices. On s'en servait contre le mannequin disposé à cet effet.

2. *Pilam.* Balle à jouer. On distinguait : *follis*, ballon gonflé d'air ; *harpastum*, ballon de forte dimension pour jouer au ballon au camp ; *pila paganica*, en duvet et couverte de cuir, employée d'abord par les paysans ; *trigon*, petite balle durement rembourrée ; *pila picta*, balle à enveloppe coloriée employée surtout par les femmes.

3. *Talos.* Os du paturon de certains animaux, employé dans les jeux de hasard. On se servait de l'os ou d'imitation en pierre et en bronze. On avait à la fois quatre *tali ;* les points étaient marqués sur les quatre faces planes. Le coup de Vénus était le meilleur ; il fallait que chaque face présentât un chiffre différent. Puis venait le *senio*, amenant tous les six. Le plus mauvais (*canis*) consistait à avoir partout les mêmes chiffres. On jetait ces osselets avec la main ou avec un cornet.

« *Talis enim jactatis, ut* « *quisque canem aut senio-* « *nem miserat, in singulos ta-* « *los singulos denarios in me-* « *dium conferebat : quos tolle-* « *bat universos qui venerem* « *fecerat.* »(Suétone, *Aug.*, 71.) — *Tali*, d'après Rich (p. 626).

4. *Tesseras* (*tessera lusoria*). Dé à jouer, petit cube d'ivoire,

d'os ou de bois, marqué de points sur les six côtés. La règle était celle du jeu de *talus*. —Reproduction de dés en ivoire trouvés à Herculanum.

XVII. — L'éloge de l'agriculture continue. Exemples de
Cyrus le Jeune et de plusieurs Romains.

XVII. 59. Multas ad res perutiles Xenophontis libri sunt, quos legite, quæso, studiose, ut
facitis. Quam copiose ab eo agri cultura lauda-
tur in eo libro, qui est de tuenda re familiari,
qui « Œconomicus [1] » inscribitur! Atque ut intelligatis nihil ei tam regale videri quam studium
agri colendi, Socrates [2] in eo libro loquitur cum
Critobulo Cyrum [3] minorem Persarum regem
præstantem ingenio atque imperii gloria, quum
Lysander [4] Lacedæmonius vir summæ virtutis
venisset ad eum Sardis [5] eique dona a sociis

1. *Œconomicus.* L'Econo-
mique, ouvrage en quatre livres de Xénophon.

2. *Socrates* (469-401 av.
J. C.), né à Athènes. Il adopta
la fameuse maxime philosophique : γνῶθι σεαυτόν, et la
méthode, dite ironie socratique,
pour confondre les sophistes.
Pour instruire, il suivait la
méthode d'induction. Accusé

d'impiété, il fut condamné à
boire la ciguë. — Socrate, d'a-
près un buste du Louvre.

3. *Cyrum minorem.* Cyrus
le Jeune, fils de Darius Nothus,
voulut détrôner son frère Artaxerxès Mnémon, qui le vainquit à Cunaxa (401). Cyrus y fut
tué.

4. *Lysander.* Général spartiate, mort en 395. En 405,
vainqueur à Ægos-Potamos, il
s'empara d'Athènes et lui im-
posa le gouvernement des trente
tyrans (404). Il prit Samos, et
son orgueil ne connut plus de
bornes. Il mourut à la bataille
l'Haliarte.

5. *Sardis.* Capitale de la Ly-
die, baignée par le Pactole, au
pied du Tmolus, Sardes fut célèbre par ses richesses, surtout
sous Crésus. Prise par Cyrus en
547, puis brûlée par les Athé-
niens. Les Romains l'agran-
dirent. C'est aujourd'hui Sart.

attulisset, et cæteris in rebus comem erga Lysandrum atque humanum fuisse et ei quemdam consæptum agrum diligenter consitum ostendisse. Quum autem admiraretur Lysander et proceritates arborum et directos in quincuncem ordines [1] et humum subactam atque puram et suavitatem odorum, qui adflarentur ex floribus, tum eum dixisse mirari se non modo diligentiam, sed etiam sollertiam ejus, a quo essent illa dimensa atque descripta, et Cyrum respondisse : « Atqui ego ista sum omnia dimensus, mei sunt ordines, mea descriptio, multæ etiam istarum arborum mea manu sunt satæ. » Tum Lysandrum intuentem purpuram ejus et nitorem corporis ornatumque Persicum multo auro multisque gemmis dixisse : « Recte vero te, Cyre, beatum ferunt, quoniam virtuti tuæ fortuna conjuncta est ! » 60. Hac igitur fortuna frui licet senibus nec ætas impedit quo minus et cæterarum rerum et in primis agri colendi studia teneamus usque ad ultimum tempus senectutis. M. quidem Valerium [2] Corvum accepimus ad centesimum an-

1. Cet art avait déjà été poussé très loin chez les anciens. — La gravure ci-jointe représente un berceau de vigne (*jugatio compluviata*), d'après une peinture du tombeau des Nasons. (Rich, p. 340.)

2. *Valerium.* Marcus Valé-rius Corvus, tribun militaire sous Camille. Dans une lutte contre un géant gaulois, il aurait été vainqueur grâce à l'aide d'un corbeau descendu sur son casque. Six fois consul (348, 346, 343, 338, 300, 299); six fois dictateur, six fois édile,

num perduxisse [1], quum esset acta jam ætate in
agris eosque coleret : cujus inter primum et sextum consulátum sex et quadraginta anni inter-
fuerunt. Ita quantum spatium ætatis majores
nostri ad senectutis initium esse voluerunt, tantus illi cursus honorum fuit. Atque hujus extrema ætas hoc beatior quam media, quod auctoritatis habebat plus, laboris minus. Apex est
autem senectutis auctoritas [2]. 61. Quanta fuit in
L. Cæcilio Metello [3], quanta in Atilio Calatino [4]!
in quem illud elogium : UNUM HUNC PLURIMÆ
CONSENTIUNT GENTES POPULI PRIMARIUM FUISSE VI-
RUM. Notum est carmen incisum in sepulcro.
Jure igitur gravis, cujus de laudibus omnium esset fama consentiens. Quem virum nuper P. Cras-
sum pontificem maximum, quem postea M. Lepidum [5] eodem sacerdotio [6] præditum vidimus !

six fois préteur, il vé-
cut près de cent ans.
  1. *Perduxisse.* Sup-
pléer : *hæc studia.*
  2. *Auctoritas.* La
considération est le
suprême attribut de
la vieillesse.
  3. *Cæcilio Metello.*
Voir ch. IX.
  4. *Atilio Calatino.*
A. Atilius Calatinus,
consul en 258 avec
Sulpicius Paterculus,
et en 254 avec Cn.
Cornélius Scipio Asi-
na. Son tombeau était
à la porte Capène et
on y lisait l'inscrip-
tion que mentionne
Caton.
  5. *M. Lepidum.* Consul en

187 avec C. Flaminius
Népos, et en 175 avec
P. Mucius Scévola.
  6. *Sacerdotio.* Le
grand pontife, nommé
à vie, présidait le col-
legedes pontifes fondé
par Numa pour diri-
ger et surveiller la
religion, rédiger les
Annales, diviser l'an-
née en jours fastes,
néfastes (*intercisi*),
faire le calendrier.
Choisis parmi les pa-
triciens, les pontifes
furent d'abord au nom-
bre de quatre, puis de
huit, l'an 300, par la
loi *Ogulnia.* Sous
Sylla, il y en eut seize,
pris dès lors moitié chez les

Quid de Paullo aut Africano loquar, aut, ut jam ante, de Maximo? quorum non in sententia solum, sed etiam in nutu residebat auctoritas. Habet senectus honorata præsertim tantam auctoritatem, ut ea pluris sit quam omnes adolescentiæ voluptates [1].

XVIII. — Couronnement d'une vie irréprochable, la vieillesse a pour privilège l'autorité et est comblée d'égards. Les défauts qu'on lui attribue viennent du caractère plutôt que de l'âge.

XVIII. 62. Sed in omni oratione mementote eam me senectutem laudare, quæ fundamentis adolescentiæ constituta sit. Ex quo efficitur id, quod ego magno quondam cum adsensu omnium dixi, « miseram esse senectutem quæ se oratione defenderet ». Non cani nec rugæ

patriciens, moitié chez les plébéiens. Leurs insignes étaient le *simpulum*, grande cuiller à long manche pour puiser le vin dans les sacrifices; l'*apex*, morceau d'olivier au sommet de

leur calotte; la *securis*, hache pour égorger la victime, et une sorte de goupillon (*aspergillum*). — Nos gravures représentent : 1° un pontife, d'après un petit bronze du Cabinet de France; 2° les insignes du pontificat, d'après un bas-relief du musée de Saint-Germain.

1. *Voluptates.* Cicéron, dans ce dialogue, songe surtout à l'homme public.

repente auctoritatem adripere possunt, sed ho-
neste acta superior ætas fructus capit auctoritatis
extremos. 63. Hæc enim ipsa sunt honorabilia,
quæ videntur levia atque communia, salutari,
appeti, decedi, adsurgi, deduci, reduci, consuli,
quæ et apud nos et in aliis civitatibus, ut quæque optime morata est, ita diligentissime obser-
vantur. Lysandrum Lacedæmonium, cujus modo
feci mentionem, dicere aiunt solitum Lacedæmo-
nem esse honestissimum domicilium senectutis :
nusquam enim tantum tribuitur ætati, nusquam
est senectus honoratior. Quin etiam memoriæ
proditum est, quum Athenis ludis quidam in
theatrum grandis natu venisset, magno consessu locum nusquam ei datum a suis civibus,
quum autem ad Lacedæmonios accessisset, qui,
legati quum essent, certo in loco consederant, con-
surrexisse omnes illi dicuntur et senem sessum
recepisse. 64. Quibus quum a cuncto consessu
plausus esset multiplex datus, dixisse ex iis
quemdam « Athenienses scire quæ recta essent,
sed facere nolle [2]. » Multa in nostro colle-

---

1. *Consuli.* « La vieillesse
« est dépouillée également par
« la nature et par le monde.
« Ce que l'antiquité avait trouvé
« de mieux, c'était de l'amuser
« de respects : son expérience,
« sa sagesse étaient consultées,
« mais plus de vie propre, plus
« d'avenir, tous les regards
« tournés vers le passé, et,
« pour toute possession, les
« biens qui lui échappent. Le
« christianisme a plus fait pour
« la vieillesse que pour aucune

« autre saison de la vie, parce
« qu'il apprend à affronter sans
« répugnance une mort sans
« gloire. » (Mᵐᵉ Swetchine.)
    ↑ *Corona dignitatis senectus,*
« *quæ in viis justitiæ reperie-*
« *retur.* » (*Prov.*, XVI, 31.)
    2. *Facere nolle.* Cette parole
peut s'appliquer à tous les sages
de l'antiquité. Ils avaient des
notions suffisantes du bien pour
prêcher une certaine perfection, mais ils ne s'efforçaient
pas d'y atteindre. On connaît

gio [1] præclara, sed hoc, de quo agimus, in primis, quod, ut quisque ætate antecedit, ita sententiæ principatum tenet, neque solum honore antecedentibus, sed iis etiam, qui cum imperio sunt, majores natu augures anteponuntur. Quæ sunt igitur voluptates corporis cum auctoritatis præmiis comparandæ [2]? Quibus qui splendide usi sunt, ii mihi videntur fabulam ætatis peregisse nec tamquam inexercitati histriones in extremo actu corruisse.

65. « At sunt morosi et anxii et iracundi et difficiles senes, si quærimus, etiam avari [3]. » Sed hæc morum vitia sunt, non senectutis. Ac morositas tamen et ea vitia, quæ dixi, habent aliquid excusationis non illius quidem justæ [4], sed quæ probari posse videatur. Contemni se putant, despici, illudi, præterea in fragili corpore odiosa omnis offensio est. Quæ tamen omnia dulciora fiunt et moribus bonis et artibus, idque quum in vita tum in scena intelligi potest ex iis fratribus, qui in Adelphis [5] sunt. Quanta in altero diritas,

---

l'aveu d'Ovide: « *Video meliora « proboque, deteriora sequor.* » Il fallait qu'un Dieu vînt sur terre apprendre aux hommes la pratique des vertus.

1. *Collegio.* Collège des augures.

2. *Comparandæ.* La morale païenne ne connaissait pas l'humilité, cette vertu sublime nécessaire à toutes les autres.

« *Qui major est in vobis, fiat « sicut minor et qui præcessor « est sicut ministrator.* » (Ev. St Luc, XXII, 26.)

3. *Avari.*
La vieillesse chagrine incessamment amasse.
Garde, non pas pour soi, les trésors qu'elle entasse,
Marche en tous ses desseins d'un pas lent et glacé,
Toujours plaint le présent et vante le passé;
Inhabile aux plaisirs dont la jeunesse abuse,
Blâme en eux les douceurs que l'âge lui refuse.
(Boileau, *Art poét.*, chant III.)

4. *Justæ*, légitime.

5. *Adelphis.* Les *Adelphes*, comédie de Térence. Ce poète, né à Carthage en 192 av. J. C.,

in altero comitas! Sic se res habet : ut enim
non omne vinum, sic non omnis natura vetus-
tate coacescit. Severitatem in senectute probo,
et eam, sicut alia, modicam, acerbitatem nullo
modo. 66. Avaritia vero senilis quid sibi velit
non intelligo. Potest enim quidquam esse absur-
dius quam, quo viæ minus restet, eo plus viatici
quærere?

XIX. — Quatrième inconvénient : L'approche de la mort
tourmente le vieillard. La mort n'est pas redoutable; la
vie est si courte que le terme en est toujours prochain.
La mort de l'adolescent est douloureuse, celle du vieillard est naturelle, c'est la fin du voyage.

XIX. Quarta restat causa, quæ maxime angere
atque sollicitam habere nostram ætatem videtur,
appropinquatio mortis, quæ certe a senectute

compta Lélius et
Scipion parmi ses
protecteurs. Avec
lui commence pour
la poésie latine,
une ère nouvelle ;
il est le premier et
un des plus par-
faits représentants
de cette qualité
charmante et in-
définissable que les
Grecs appelaient
atticisme, que les
Romains commen-
çaient à désigner
sous le nom d'ur-
banitas. Dût le
succès faire défaut,

jamais Térence ne
consentit à abais-
ser le niveau de
l'art. Aussi fut-il
particulièrement
en faveur auprès
des critiques du
XVII siècle. C'est
dans les *Adelphes*
que son style et son
génie ont atteint le
plus haut degré de
perfection. Molière
a tiré de cette pièce
le sujet de l'*École
des maris*. — Té-
rence, d'après l'*I-
conographie ro-
maine* de Visconti.

non potest longe abesse. O miserum senem, qui
mortem contemnendam esse in tam longa ætate
non viderit! quæ aut plane negligenda est, si
omnino exstinguit animum, aut etiam optanda,
si aliquo eum deducit ubi sit futurus æternus [1].
Atqui tertium certe nihil inveniri potest. 67. Quid
igitur timeam, si aut non miser post mortem
aut beatus etiam futurus sum? Quamquam quis
est tam stultus, quamvis sit adolescens, cui sit
exploratum se ad vesperum esse victurum? Quin
etiam ætas illa multo plures quam nostra mortis
casus habet [2]. Facilius in morbos incidunt adolescentes, gravius ægrotant, tristius curantur.
Itaque pauci veniunt ad senectutem, quod ni ita
accideret, et melius et prudentius viveretur. Mens
enim et ratio et consilium in senibus est : qui si
nulli fuissent, nullæ omnino civitates fuissent.
Sed redeo ad mortem impendentem. Quod est
illud crimen senectutis, quum id ei videatis cum
adolescentia esse commune? 68. Sensi ego in
optimo filio, tu in exspectatis ad amplissimam
dignitatem fratribus [3], Scipio, mortem omni ætati

1. *Æternus*. Ce dilemme est familier à Cicéron. Si l'âme ne survit pas au corps, rien de moins redoutable que la mort pour les vieillards; si l'âme survit, il y a une vie éternelle postérieure. Depuis la chute originelle, l'homme craint la mort. Cette crainte est un châ-timent; de plus, elle est causée par l'attente du jugement d'où résultera une éternité heureuse ou malheureuse. Cicéron sem-ble croire qu'il n'y a que deux alternatives : destruction totale du corps ou éternité bienheu-reuse.

2. *Casus habet*. Cela est un peu forcé. Dire que les jeunes gens ont autant de chances de mort que les vieillards, c'est déjà beaucoup.

3. *Fratribus*. Les deux fils de Paul-Emile, frères par le sang du deuxième Africain, moururent l'un et l'autre peu de jours après le triomphe de leur père. « C'est toute la des-

esse communem. At sperat adolescens diu se victurum, quod sperare idem senex non potest. Insipienter sperat [1]. Quid enim stultius quam in-
certa pro certis habere, falsa pro veris? At senex
ne quod speret quidem habet. At est eo meliore
conditione quam adolescens, quum id, quod ille
sperat, hic consecutus est. Ille vult diu vivere,
hic diu vixit. 69. Quamquam, o dî boni! quid
est in hominis vita diu? Da enim supremum tempus [2], exspectemus Tartessiorum [3] regis ætatem :
fuit enim, ut scriptum video, Arganthonius [4] quidam Gadibus [5], qui octoginta regnaverat annos,
centum viginti vixerat : sed mihi ne diuturnum
quidem quidquam videtur, in quo est aliquid
extremum. Quum enim id [6] advenit, tum illud.
quod præteriit, effluxit, tantum remanet quod
virtute et recte factis consecutus sis [7] : horæ qui-

« tinée de l'homme, qui meurt
« avant d'être heureux, ou qui
« n'a que quelques jours pour
« l'être. » (Mme Swetchine.)

1. *Insipienter sperat.*

*Vitæ summa brevis spem nos vetat in-
        choare longam.*
        (Horace, *Odes,* lib. 1, 4.)
*Quid brevi fortes jaculamur ævo
Multa?*
        (Id., II, 10.)
*Omnem crede diem tibi diluxisse su-
        premum
Grata superveniet, quæ non sperabitur
        hora.*
        (Id., Epist. 11, 13.)

2. *Supremum tempus.* Le
temps le plus long possible,
jusqu'à l'extrême limite.

3. *Tartessiorum.* Tartessus,
ville bâtie sur une île à l'embouchure du Cétis (Guadalqui-
vir); grand entrepôt de com-

merce pour les Phéniciens;
c'est le Tarsis de la Bible.
Toute la côte S. O. de la Bé-
tique prit le nom de Tartessus.
Cicéron a le tort d'identifier
cette ville avec Gadès.

4. *Arganthonius.* Roi de
Gadès qui, d'après Hérodote
(I, 163), aurait régné quatre-
vingts ans et vécu cent vingt
ans.

5. *Gadibus.* Gadès, colonie
importante des Phéniciens, as-
sise sur « le Beau promontoire, »
près des eaux de Mastia et de
Tarseïum ou Tartessus, dans
une île à l'embouchure du Gua-
dalète. C'est actuellement Cadix.

6. *Id. Id extremum,* la fin.

7. *Consecutus sis.* Pensée
digne d'un moraliste chrétien.

dem cedunt et dies et menses et anni [1], nec præteritum tempus umquam revertitur nec quid sequatur sciri potest. Quod cuique temporis ad vivendum datur, eo debet esse contentus. 70. Neque enim histrioni, ut placeat, peragenda fabula est, modo in quocumque fuerit actu probetur, neque sapienti usque ad « Plaudite [2] » veniendum est. Breve enim tempus ætatis satis longum ad bene honesteque vivendum : sin processeris longius, non magis dolendum est quam agricolæ dolent præterita verni temporis suavitate æstatem autumnumque venisse. Ver enim tamquam adolescentiam significat ostenditque fructus futuros [3], reliqua autem tempora demetendis fructibus et percipiendis accommodata sunt. 71. Fructus autem senectutis est, ut sæpe dixi, ante partorum bonorum memoria et copia. Omnia autem, quæ secundum naturam fiunt, sunt habenda in bonis. Quid est autem tam secundum naturam quam senibus emori? quod idem contingit adolescentibus adversante et repugnante natura. Itaque adolescentes mihi mori sic videntur, ut quum aquæ multitudine flammæ vis opprimitur, senes autem sic ut quum sua sponte nulla adhibita vi consumptus ignis exstinguitur,

---

1. *Et menses et anni.*

Eheu! fugaces, Posthume, Posthume,
Labuntur anni.
(Horace, *Odes*, II, 14.)

2. *Plaudite.* Ce moment annonçait la fin de la pièce.

Sessuri donec cantor, vos plaudite,
dicat.
(Horace, *Ars poet.*, 158.)

3. *Fructus futuros.* « Adolescens juxta viam suam etiam cum senuerit, non recedet ab eâ. » (*Prov.*, XXII, 6.)
« La jeunesse est la plus belle fleur qui soit au monde, mais la vieillesse est le plus savoureux des fruits. »
(Mᵐᵉ Swetchine.)

et quasi poma ex arboribus, cruda si sunt, vix
evelluntur, si matura et cocta, decidunt, sic vitam adolescentibus vis aufert, senibus maturitas,
quæ quidem mihi tam jucunda est, ut, quo pro-
pius ad mortem accedam, quasi terram videre
videar aliquandoque in portum ex longa naviga-
tione esse venturus [1].

XX. — La vie finit sans terme fixé, quand la nature dis-
sout les éléments qu'elle a réunis. Il ne faut pas avan-
cer ce jour, mais s'y préparer et s'affranchir des terreurs
de la mort. Celui qui meurt mieux, rassasié de la vie,
la quitte sans regret.

XX. 72. Senectutis autem nullus est certus
terminus, recteque in ea vivitur, quoad munus
officii exsequi et tueri possis mortemque contem-
nere : ex quo fit ut animosior etiam senectus sit
quam adolescentia et fortior. Hoc illud est, quod
Pisistrato [2] tyranno a Solone responsum est,
quum illi quærenti « qua tandem spe fretus sibi

---

1. *Esse venturus.* « *Senectus*
« *portus debet esse, non vitæ*
« *superioris naufragium.* »
(St Ambr., Epist. XII, *ad Va-*
lent. imp.)
   « Le pauvre navire de la
« vieillesse est tout délabré ;
« jeune, il a lutté contre la tem-
« pête des fleurs ; vieux, il lutte
« contre la tempête des neiges ;
« sa carène a touché si souvent !
« ses voiles sont déchirées, on
« ne voit de résistant que le
« gouvernail. »
       (Mᵐᵉ Swetchine.)

2. *Pisistrato.* Tyran d'Athènes, né vers 612 av. J. C., était
parent de Solon. Il flatta la
multitude pour arriver au pouvoir suprême, qu'il usurpa en
560, malgré la vive opposition
de Solon. Mégaclès et Lycurgue
le chassèrent en 554 ; mais le
premier, son beau-père, le fit
rentrer en 548. Expulsé encore
en 547, il revint dix ans après,
à la tête d'une armée. Son administration fut sage ; il mourut en 527. C'est à lui qu'on doit
la première édition d'Homère.

tam audaciter obsisteret » respondisse dicitur :
« Senectute. » Sed vivendi est finis optimus,
quum integra mente certisque sensibus opus
ipsa suum eadem quæ coagmentavit natura dissolvit [1]. Ut navem, ut ædificium idem destruit
facillime qui construxit, sic hominem eadem
optime quæ conglutinavit natura dissolvit. Jam
omnis conglutinatio recens ægre, inveterata facile divellitur. Ita fit ut illud breve vitæ reliquum
nec avide appetendum senibus nec sine causa [2]
deserendum sit. 73. Vetatque Pythagoras « in-
jussu imperatoris, id est dei, de præsidio et sta-
tione vitæ decedere. » Solonis quidem sapientis
elogium est, quo « se negat velle suam mortem
dolore amicorum et lamentis vacare. » Vult,
credo, se esse carum suis, sed haud scio an melius Ennius :

Nemo me lacrumis decoret neque funera fletu
.....Faxit [3].

Non censet lugendam esse mortem quam im-

---

1. *Dissolvit.* Les philosophes de l'antiquité n'ont jamais eu l'idée précise d'un Dieu créateur.

2. *Sine causâ.* Sans raison. Cicéron qui, ailleurs, surtout dans le *Songe de Scipion*, blâme le suicide, semble ici, comme le fera Sénèque en plusieurs de ses *Lettres*, l'autoriser quand il y a un motif; les stoïciens permettaient le suicide lorsqu'il était justifié; or, l'homme qui attente à ses jours a toujours un motif pour vaincre la crainte instinctive de la mort.

Non est, ut putas, virtus, pater,
Timere vitam, sed malis ingentibus
Obstare, nec reverteré, ac retro dare.
(Sénèque, *Phœn.*, act. I, sc. 1.)

Belle maxime, mais trop rarement appliquée dans l'antiquité païenne. Le christianisme réprouve toujours cette lâcheté. Quand le suicide devient fréquent, c'est toujours dans les époques où la foi diminue.

3. *Faxit.* Forme archaïque pour *fecerit.*

mortalitas consequatur. 74. Jam sensus moriendi
aliquis esse potest isque ad exiguum tempus,
præsertim seni : post mortem quidem sensus
aut optandus aut nullus est. Sed hoc meditatum
ab adolescentia debet esse, mortem ut negliga-
mus, sine qua meditatione tranquillo esse animo
potest nemo. Moriendum enim certe est et id
incertum an hoc ipso die. Mortem igitur omnibus
horis impendentem timens qui poterit animo consistere [1]? 75. De qua non ita longa disputatione
opus esse videtur, quum recordor non L. Brutum [2], qui in liberanda patria est interfectus,
non duos Decios [3], qui ad voluntariam mor-

1. *Consistere.* La pensée de
la mort souvent méditée, chose
que nous recommande la religion, ne fait pas mépriser la
mort, mais a pour résultat de
nous tenir prêts à subir le jugement : pensez à la mort et
vous ne pécherez pas.

« *O mors, bonum est judi-*
« *cium tuum homini.*» (*Eccl.*,
XLI, 3.)

« *Viri mali non cogitant*
« *judicium.*» (*Prov.*, XXIII, 5.)

2. *L. Brutum.* Lucius Ju-
nius Brutus, fils de Marcus Ju-
nius et d'une fille de Tarquin
l'Ancien. Son père et ses frères
furent assassinés par Tarquin
le Superbe, auquel il n'échappa
qu'en contrefaisant l'insensé,
d'où son surnom. La mort de
Lucrèce lui donna un prétexte
pour soulever le peuple et chas-
ser le roi (509 av. J. C.). Il fut
consul avec Tarquin Collatin
et Valérius Publicola. Il fit im-
moler ses deux fils, coupables

d'avoir voulu rétablir Tarquin.
Lui-même mourut en combat-
tant Aruns, fils du roi chassé

(508). Les dames romaines por-
tèrent un an son deuil. —
L. J. Brutus, d'après l'*Iconographie romaine* de Visconti.

3. *Duos Decios.* Voir ch. XIII.

tem cursum equorum incitaverunt, non M. Atilium [1], qui ad supplicium est profectus, ut fidem hosti datam conservaret, non duos Scipiones [2], qui iter Pœnis vel corporibus suis obstruere voluerunt, non avum tuum L. Paullum [3], qui morte luit collegæ in Cannensi ignominia temeritatem, non M. Marcellum [4], cujus interitum ne crudelissimus quidem hostis honore sepulturæ carere passus est, sed legiones nostras, quod scripsi in *Originibus*, in eum locum sæpe profectas alacri animo et erecto, unde se numquam redituras arbitrarentur. Quod igitur adolescentes et ii quidem non solum indocti, sed etiam rustici contemnunt, id docti senes extimescent? 76. Omnino, ut mihi quidem videtur, rerum omnium satietas vitæ facit satietatem. Sunt pueritiæ certa studia : num igitur ea desiderant adolescentes? Sunt ineuntis adolescentiæ : num ea constans jam re-

---

1. *Atilium.* M. Atilius Regulus, consul en 267 avec L. Julius Libo. Il soumit les Salentins, prit Brundusium. Consul de nouveau en 255 avec L. Manlius Vulso Longus, il battit Hamilcar et Hannor, près d'Eci nôme, débarqua à Clypea, prit Tunis et assiégea Carthage. Xantippe, général spartiate au service de Carthage. le battit et le fit prisonnier. On connaît son dévouement.

2. *Scipiones.* Voir ch. IX.

3. *Paulum.* Paul – Emile, formé à la guerre par Fabius Cunctator, consul avec Térentius Varro, en 216; il mourut sur le champ de bataille de Cannes (216).

4. *Marcellum.* M. Claudius Marcellus, consul en 222 av. J. C., avec Cn. Cornélius Scipio Calvus, battit, à Clastidium, Viridomare, roi des Gesales, et enleva les troisièmes dépouilles opimes. Préteur après le désastre de Cannes, il arrêta Annibal à Nôle. Consul en 215, puis en 214, il prit Syracuse (212) après un siége rendu pénible par le génie d'Archimède. Consul pour la quatrième fois, en 210, il battit Annibal à Canusium, et mourut en 208, pendant son cinquième consulat. Annibal lui fit faire des funé · railles. On l'appelait l'Epée de Rome, de même que Fabius avait été surnommé son Bouclier.

quirit ætas, quæ media dicitur? Sunt etiam ejus
ætatis : ne ea quidem quæruntur in senectute.
Sunt extrema quædam studia senectutis : ergo,
ut superiorum ætatum studia occidunt, sic occidunt etiam senectutis : quod quum evenit, satietas vitæ tempus maturum mortis adfert.

XXI. — La mort n'est que le commencement d'une vie
meilleure réservée à l'âme.

XXI. 77. Equidem non video cur quid ipse
sentiam de morte non audeam vobis dicere, quod
eo mihi melius cernere videor, quo ab ea pro-
pius absum. Ego vestros patres, P. Scipio, tuque,
C. Læli, viros clarissimos mihique amicissimos,
vivere arbitror et eam quidem vitam, quæ est
sola vita nominanda. Nam, dum sumus inclusi
in his compagibus corporis, munere quodam necessitatis [1] et gravi opere perfungimur : est enim
animus cœlestis ex altissimo domicilio depressus
et quasi demersus in terram, locum divinæ naturæ æternitatique contrarium [2]. Sed credo deos
immortales sparsisse animos in corpora humana,
ut essent qui terras tuerentur quique cœlestium [3]
ordinem contemplantes imitarentur eum vitæ
modo atque constantia. Nec me solum ratio ac

1. *Necessitatis.* La fatalité ;
nous dirions la Providence.
2. *Contrarium.* Pour Cicéron, les âmes sont éternelles,
leur substance est céleste. Elles
étaient dans le ciel avant de
venir sur terre. Platon dans le
Phèdre et ailleurs, développe
poétiquement des idées analo-
gues sur l'origine des âmes.
3. *Cœlestium.* Des corps cé-
lestes.

disputatio impulit ut ita crederem, sed nobilitas etiam summorum philosophorum et auctoritas.

78. Audiebam Pythagoram Pythagoreosque, incolas pæne nostros, qui essent Italici philosophi quondam nominati, numquam dubitasse quin ex universa mente divina delibatos animos haberemus [1]. Demonstrabantur mihi præterea qua· Socrates supremo vitæ die de immortalitate animorum disseruisset, is qui esset omnium sapientissimus Apollinis [2] oraculo judicatus. Quid multa? sic mihi persuasi, sic sentio, quum tanta celeritas animorum sit, tanta memoria præteritorum futurorumque prudentia, tot artes tantæ scientiæ, tot inventa, non posse eam naturam quæ res eas contineat, esse mortalem [3], quumque semper agitetur animus nec principium motus habeat, quia se ipse moveat, ne finem quidem habiturum esse motus, quia numquam se ipse sit relicturus [4], et quum simplex animi natura esset neque haberet in se quidquam admixtum dispar sui atque dissimile, non posse eum dividi [5],

1. *Animos haberemus.* L'opinion que notre âme n'est qu'une émanation de l'âme universelle est celle de Platon et des stoïciens. Il est possible que quelques pythagoriciens l'aient adoptée.

2. *Apollinis.* Fils de Jupiter et de Latone, né à Délos. Dieu des arts, de la musique, de l'éloquence, de la poésie — Buste d'Apollon au Musée du Louvre.

3. *Esse mortalem.* Premier argument en faveur de l'immortalité de l'âme : sa merveilleuse activité intellectuelle.

4. *Sit relicturus.* Second argument : l'âme, principe de mouvement, ne peut cesser de se mouvoir, de vivre.

5. *Dividi.* Troisième argument : l'âme est simple et ne peut se diviser.

quod si non possit, non posse interire, magnoque esse argumento homines scire pleraque ante quam nati sint, quod jam pueri, quum artes difficiles discant, ita celeriter res innumerabiles arripiant, ut eas non tum primum accipere videantur, sed reminisci et recordari [1]. Hæc Platonis fere.

XXII. — Cyrus, sur son lit de mort, espère jouir d'une autre vie.

XXII. 79. Apud Xenophontem [2] autem moriens Cyrus major hæc dicit : « Nolite arbitrari, o mei carissimi filii, me, quum a vobis discessero, nusquam aut nullum fore. Neque enim, dum eram vobiscum, animum meum videbatis, sed eum esse in hoc corpore ex iis rebus, quas gerebam, intelligebatis. Eumdem igitur esse creditote, etiam si nullum videbitis. 80. Nec vero clarorum virorum post mortem honores permanerent, si nihil eorum ipsorum animi efficerent, quo diutius memoriam sui teneremus. Mihi quidem numquam persuaderi potuit animos, dum in corporibus essent mortalibus, vivere, quum exissent ex iis, emori, nec vero tum animum esse insipientem, quum ex insipienti corpore evasisset, sed quum omni admixtione cor-

---

1. *Recordari.* Cet argument établit plutôt l'existence d'une vie antérieure. Cette doctrine erronée, dite de la Réminiscence, remonte à Platon.
2. *Apud Xenophontem.* Cyropédie, VII, 17 et VIII. Xénophon prête à Cyrus les idées que lui-même tenait de Socrate, comme Cicéron, dans tout cet opuscule, prête les siennes à Caton.

poris liberatus purus et integer esse cœpisset,
tum esse sapientem. Atque etiam, quum heminis
natura morte dissolvitur, cæterarum rerum per-
spicuum est quo quæque discedant : abeunt enim
omnia illuc, unde orta sunt, animus vero solus
nec quum adest nec quum discedit apparet.
81. Jam vero videtis nihil esse morti tam simile
quam somnum; atqui dormientium animi maxime declarant divinitatem suam : multa enim,
quum remissi et liberi sunt, futura prospiciunt.
Ex quo intelligitur quales futuri sint, quum se
plane corporis vinclis relaxaverint. Qua re, si
hæc ita sunt, sic me colitote, inquit, ut deum :
sin una est interiturus animus cum corpore,
vos tamen deos verentes, qui hanc omnem
pulcritudinem tuentur et regunt, memoriam
nostri pie inviolateque servabitis. » Cyrus quidem
hæc moriens. Nos, si placet, nostra videamus.

XXIII. — A cette vie future tendent tous les efforts des
héros ; ils poursuivent la gloire pour en jouir après leur
mort. Caton aspire au jour où il ira rejoindre son fils et
ses amis. Si cette vie n'existe pas, la mort n'en est pas
plus à craindre.

XXIII. 82. Nemo mihi umquam, Scipio, per-
suadebit aut patrem tuum Paulum aut duos avos,
Paulum et Africanum, aut Africani patrem aut
patruum aut multos præstantes viros, quos enu-
merare non est necesse, tanta esse conatos [1]

1. *Esse conatos.* Equivaut à *fuisse conaturos.*

quæ ad posteritatis memoriam pertinerent, nisi animo cernerent posteritatem ad se pertinere [1]. An censes, ut de me ipso aliquid more senum glorier, me tantos labores diurnos nocturnosque domi militiæque suscepturum fuisse, si iisdem finibus gloriam [2] meam quibus vitam essem terminaturus? Nonne multo melius fuisset otiosam ætatem et quietam sine ullo aut labore aut contentione traducere? Sed nescio quo modo animus erigens se posteritatem ite semper prospiciebat, quasi, quum excessisset e vita, tum denique victurus esset. Quod quidem ni ita se haberet ut animi immortales essent, haud optimi cujusque animus maxime ad immortalitatem gloriæ niteretur. 83. Quid, quod sapientissimus quisque æquissimo animo moritur, stultissimus iniquissimo? nonne vobis videtur animus is, qui plus cernat et longius, videre se ad meliora proficisci, ille autem, cujus obtusior sit acies, non videre? Equidem efferor studio patres vestros, quos colui

---

1. *Ad se pertinere.* Il faut supposer qu'après la mort les héros s'intéressent à la renommée qu'ils ont laissée sur terre. De plus, cet argument ne s'adresse qu'à un bien petit nombre d'hommes.

2. *Gloriam.* Les anciens ne travaillaient que pour la gloire humaine, pour un but tout humain. « *Et acceperunt mercedem suam, vani vanam.* » (St Augustin.) Le chrétien travaille « *ad majorem Dei gloriam,* » pour la plus grande gloire de Dieu; l'humilité des héros chrétiens a été récom-pensée même ici-bas: saint Vincent de Paul, saint François Xavier, sainte Geneviève et mille autres nous intéressent plus que Caton. Quel est le héros populaire dans les campagnes, dans les villes? C'est le saint.

« *Gloriam præcedit humili-* « *tas.* » (*Prov.*, XV, 33.) « *Hu-* « *milem spiritu suscipiet glo-* « *ria.* » (*Prov.*, XXIX, 23.) « *Permanens sanctorum viro-* « *rum gloria.* » (*Eccles.*, XLVI, 15.) « *Timor Domini gloria est,* « *et gloriatio, et lætitia.* » (*Eccles.*, I, 11.)

et dilexi, videndi, neque vero eos solos convenire aveo, quos ipse cognovi, sed illos etiam, de
quibus audivi et legi et ipse conscripsi. Quo quidem me proficiscentem haud sane quis facile re-
traxerit neque tamquam Peliam [1] recoxerit. Et
si quis deus mihi largiatur ut ex hac ætate re-
puerascam et in cunis vagiam, valde recusem,
nec vero velim quasi decurso spatio a calce ad
carceres [2] revocari. 84. Quid enim vita habet
commodi? quid non potius laboris [3]? Sed habeat

1. *Peliam.* Pélias, fils de Neptune et de Tyro, frère de Nélée, usurpa le trône d'Iolcos et éloigna l'héritier légitime Jason par l'expédition des Argonautes. Sur les conseils perfides de Médée, ses filles le coupèrent en morceaux et le firent bouillir, espérant par là lui rendre la jeunesse. Son fils Acaste le vengea.

2. *A calce ad carceres. Calx,* corde blanchie à la craie et marquant le commencement et le terme pour les courses du cirque. *Carceres,* écuries du cirque où stationnaient les chars avant la course et où ils retournaient après. Elles se composaient de voûtes fermées par de larges portes; chaque char avait la sienne. Ici *calce* signifie le point de départ, et *carceres* le point d'arrêt.

3. *Laboris.* « *Militia est vita* « *hominis super terram.* » (*Job,* VII.)

« Le malheur découvre à la « jeunesse le néant de la vie; il « révèle à la vieillesse la félicité « du ciel...

« On a bâti des hospices pour « les vieillards... mais il faut « aussi s'occuper de les récon- « cilier avec leur état, de leur « en faire découvrir les res- « sources. Dieu aurait-il donc « laissé sans consolation pré- « cisément la dernière partie « du voyage qui nous mène chez « lui? Dieu prolonge notre vie « et l'abreuve d'amertumes.Quel « motif d'entière confiance! On « n'épure que ce qui doit ser- « vir, on ne bat que le fer qu'on « doit utiliser, on ne ravive « que la plaie qu'on veut gué- « rir. » (Mme Swetchine.)

« Ainsi que la croix du Cal- « vaire, le vieillard est sus- « pendu entre la terre et le « ciel; il tient à l'une par ses « devoirs, à l'autre par ses es- « pérances. Il croit parce qu'il « a éprouvé toute chose et que « la vérité de l'Evangile est « seule restée au fond du creu- « set. » (*Id.*)

« En avançant dans la vie, « qui devient toujours plus « sombre, on ne voit guère plus « rayonner qu'une pure lu- « mière : c'est celle de la foi; « comme la solitude et comme « la douleur, la vieillesse a ses « révélations. » (*Id.*)

sane, habet certe tamen aut satietatem aut modum. Non lubet enim mihi deplorare vitam, quod multi et ii docti sæpe fecerunt, neque me vixisse pœnitet, quoniam ita vixi, ut non frustra me natum existimem, et ex vita ita discedo tamquam ex hospitio [1], non tamquam ex domo. Commorandi enim natura deversorium dedit, non habitandi [5]. O præclarum diem, quum in illud divinum animorum concilium cœtumque proficiscar quumque ex hac turba et colluvione discedam! Proficiscar enim non ad eos solum viros, de quibus ante dixi, verum etiam ad Catonem meum, quo nemo vir melior natus est, nemo pietate præstantior : cujus a me corpus crematum est [2], quod contra decuit, ab illo meum, animus vero non me deserens, sed respectans in ea profecto loca discessit, quo mihi ipsi cernebat esse veniendum. Quem ego meum casum fortiter ferre visus sum, non quo æquo animo ferrem, sed me ipse consolabar existimans non longinquum inter nos

---

« Quand Dieu déchire le cœur « de l'homme, c'est pour y greffer des vertus. » (*Id.*)

« Seule la religion sait nous « faire comprendre la douleur, « seule elle peut mettre Dieu en- « tre la douleur et nous. » (*Id.*)

1. *Ex hospitio.* Comme d'une hôtellerie. Saint Paul a aussi employé cette image.

Lucrèce, la Fontaine et Gilbert ont comparé la vie à un banquet.

2. *Crematum est.* Nous donnons ici, d'après le bas-relief connu sous le nom de *Fabula iliaca*, une reproduction du bû-

cher sur lequel brûle le corps de Patrocle. (Rich, p. 537.)

digressum et discessum fore. 85. His mihi rebus, Scipio, — id enim te cum Lælio admirari solere dixisti — levis est senectus, nec solum non molesta, sed etiam jucunda. Quod si in hoc erro [1], qui animos hominum immortales esse credam, lubenter erro nec mihi hunc errorem, quo delector, dum vivo, extorqueri volo : sin mortuus, ut quidam minuti philosophi [2] censent, nihil sentiam, non vereor ne hunc errorem meum philosophi mortui irrideant. Quod si non sumus immortales futuri, tamen exstingui homini suo tempore optabile est. Nam habet natura ut aliarum omnium rerum, sic vivendi modum. Senectus autem ætatis est peractio [3] tamquam fabulæ, cujus defectionem fugere debemus, præsertim adjuncta satietate.

Hæc habui de senectute quæ dicerem : ad quam utinam perveniatis, ut ea, quæ ex me audistis, re experti probare possitis [4].

1. *Si in hoc erro.* Cicéron croit à l'immortalité de l'âme, mais sans conviction. L'antiquité païenne n'est pas allée au delà.

2. *Minuti philosophi,* expression dédaigneuse pour désigner les épicuriens : « philosophes de mince valeur. »

3. *Peractio.* Le dernier acte. « La vieillesse, c'est la vie « arrivée à son samedi saint, « veille de la résurrection glo-« rieuse, lendemain de tous les « déchirements de la terre, de « tous les supplices de la croix. » (Mᵐᵉ Swetchine.)

4. Les *Annales de philosophie chrétienne* (août et septembre 1881) contiennent deux articles sur la vieillesse, de M. Antoine Mollière, auxquels font suite de remarquables réflexions de M. Th. Henri Martin (même Revue, déc. 1881). Ces écrivains ont très heureusement comparé le traité de Cicéron avec la *Méditation* de Mᵐᵉ Swetchine, dont plusieurs passages sont reproduits dans nos notes. M. Th. H. Martin reproche avec raison à Cicéron d'avoir oublié les femmes, « comme si leur vieillesse n'avait pas mérité quelque attention dans la patrie de Véturie et de la mère des Gracques. »

TABLE DES MATIÈRES

—

Paris. — Imprimerie de Ch. Noblet, 13, rue Cujas.

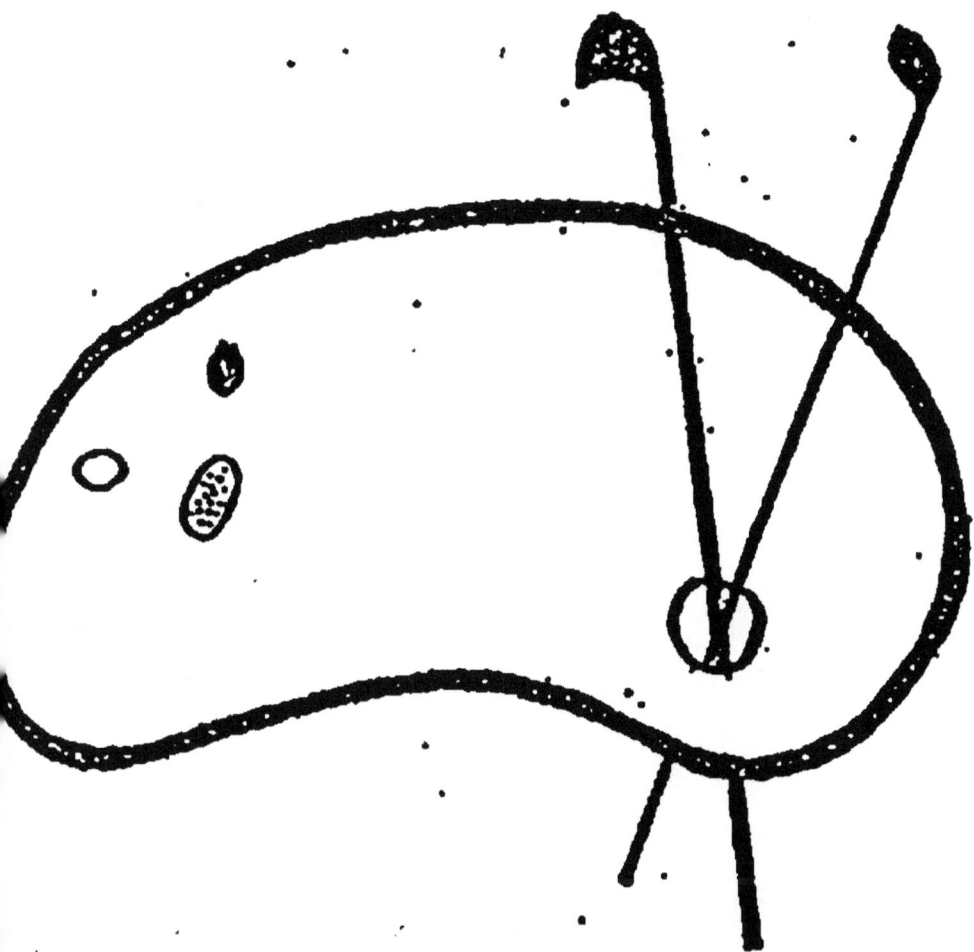

ORIGINAL EN COULEUR
NF Z 43-120-8